Band 2: SLE 31–50

Peter Wierichs

Spanische Grammatik für Selbstlerner

in 50 ***S***elbst***L***ern***E***inheiten

Band II (SLE 31-50)

Nach einem Konzept von Petra Iking und Peter Wierichs

Schmetterling Verlag

Bibliografische Informationen *Der Deutschen Bibliothek*
Die Deutsche Bibliothek verzeichnet diese Publikation in der Deutschen Nationalbibliografie;
detaillierte Daten sind im Internet über
http://dnb.ddb.de abrufbar

Schmetterling Verlag GmbH
Lindenspürstr. 38b
70176 Stuttgart
www.Schmetterling-Verlag.de
Der Schmetterling Verlag ist Mitglied von aLiVe.

ISBN 3-89657-704-2
1. Auflage 2007
Printed in Germany

Satz und Reproduktionen: Schmetterling Verlag
Druck: Gus–Druck GmbH, Stuttgart
Binden IDUPA, Owen

Vorwort

Auch in Zeiten des «e-learning», in denen digitale Medien die Diskussion um eine Optimierung des Sprachenlernens beherrschen, legen wir mit dem Band II der «Spanischen Grammatik für Selbstlerner» erneut ein eher klassisches Medium vor.
Das Buch wird für den Spracherwerbsprozess nach wie vor das «Herzstück» bleiben, wobei es in der hier vorliegenden Form auf einen speziellen Adressatenkreis ausgerichtet ist: den erwachsenen Lerner, der Interesse an einem zügigen Sprachenlernen hat und sich ohne einschlägige linguistische Kenntnisse ans Werk macht. Er ist typischerweise im Umfeld von Hochschule und Beruf situiert und erhält hiermit ein modularisiertes und flexibel einsetzbares Lehrwerk, das in unterschiedlichsten Lernszenarien eingesetzt werden kann:

- zum individuellen Selbstlernen
- als Begleitmedium von Präsenzveranstaltungen
- als Ergänzung zu interaktiven digitalen Selbstlernangeboten.

Gerade Spanisch wird nach Englisch zur zweitwichtigsten Sprache weltweit
und damit zu einem globalen Kommunikationsinstrument, das es zunehmend auch außerhalb schulischer Kontexte zu erwerben gilt.
¡Vamos!

Petra Iking

Mit dem 2. Band unserer «Spanischen Grammatik für Selbstlerner» liegen Ihnen nun weitere 20 ***S***elbst***L***ern***E***inheiten (SLEs) komplexeren Inhaltes vor. Hier kommen auch Themen wie «Irreale Bedingungen», «Passiv» oder «Zeitenverhältnis im Nebensatz» zur Sprache. Mit Hilfe weiterer SLEs sollen bisher nur in Einzelaspekten behandelte Themen zusammengeführt und systematisiert werden (z.B. «Nebensätze» oder «Infinitivkonstruktionen anstelle deutscher Adverbien»).

Wenn Sie schon mit Band I gearbeitet haben, kennen Sie unser Konzept natürlich. Falls nicht... Hier jedenfalls noch einmal die wichtigsten Punkte:

- Ausführliche Erläuterungen, in denen auch Grundbegriffe wie «Konjunktion» oder «Adverb» erklärt werden, sollen Ihnen die Möglichkeit bieten, die entsprechenden Grammatikkapitel im Selbststudium zu erarbeiten. Wenn Sie parallel dazu an einem Sprachkurs teilnehmen, kann diese Veranstaltung entlastet werden. Es bleibt dann mehr Zeit für andere Aktivitäten, die im Selbststudium nicht oder kaum zu leisten sind, etwa Konversationsübungen.
- Dementsprechend werden alle Themen in kleinen, systematischen Schritten und mit Hilfe zahlreicher Beispielsätze erläutert. Durch Fettdruck hervorgehobene Passagen zeigen Ihnen dabei an, worum es gerade geht. Im Interesse einer besseren Übersichtlichkeit sind die spanischsprachigen Textanteile kursiv, die deutschen in Normaldruck gesetzt, Hilfen (wie Übersetzungen) erscheinen in einer etwas kleineren Schrifttype. Wie im ersten Band beginnt jede SLE gewissermaßen «bei Adam und Eva»: Wenn es etwa um Bedingungen gehen soll, erfahren Sie als erstes, was ein Bedingungssatz ist und wie man ihn beispielsweise von einem Temporalsatz unterscheidet. (Hätten Sie's gewusst?)
- Auch in Band II haben wir grundsätzlich versucht, uns auf das unabdingbar Notwendige zu beschränken. Darüber Hinausgehendes finden Sie wieder unter der Rubrik «Wenn Sie's noch genauer wissen wollen...»
- Gerade weil die behandelten Themen komplexer sind, spielt die Rubrik «Was Sie schon kennen» eine wichtige Rolle – denn vieles lässt sich im Spanischen voneinander ableiten (z.B. die zusammengesetzten Zeiten). Mit Hilfe dieses Abschnittes können Sie sich die wesentlichen Voraussetzungen zum Thema noch einmal ins Gedächtnis rufen – sofern Sie das für notwendig halten. Im anderen Fall steht es Ihnen natürlich frei, die Rubrik allenfalls zu überfliegen oder sie ganz zu ignorieren.
- Am Ende einer SLE finden Sie meistens kurze Übungen – Basismaterial, das Ihnen lediglich eine allererste Kontrolle Ihres Lernerfolges ermöglichen soll. Eine Vertiefung kann sinnvollerweise nur im Rahmen einer Lerngruppe oder mit Hilfe anderer Materialien erfolgen.

Und damit wünschen wir Ihnen auch weiterhin viel Spaß & gutes Gelingen.
Peter Wierichs

Inhalt

Eine kurze Bemerkung vorweg ...

Vielleicht ist Ihnen schon aufgefallen, dass wir im Deutschen oft gar kein Futur (Zukunftsform) setzen, wenn wir etwas Zukünftiges ausdrücken wollen. «Morgen Nachmittag **habe** ich Spanischkurs. Nächstes Jahr **fahre** ich nach Brasilien etc.» So hören sich Aussagen über zukünftige Ereignisse meistens an. Zum Teil ist das auch im Spanischen möglich – es gibt aber auch Fälle, in denen das Futur stehen muss.

Was Sie schon kennen: Futur mit *ir a*

Bereits kennen gelernt haben Sie das Satzmuster ***ir a* + Infinitiv:**

***Voy a comprar** una casa.* — Ich beabsichtige, ein Haus zu kaufen.
(oder:) Ich werde ein Haus kaufen.

Man benutzt es eigentlich, um eine Absicht auszudrücken. Jede Absicht zielt aber in die Zukunft. Die logische Konsequenz: Mit *ir a* + Infinitiv kann man auch zukünftige Handlungen ausdrücken, besonders wenn es sich um eine nahe Zukunft handelt. Unser Beispiel kann also auch bedeuten: «Ich werde (demnächst) ein Haus kaufen.» Sie stehen dann für Ihre Hauskaufaktion gewissermaßen in den Startlöchern.

1. Die Futur-Formen: Infinitiv + Endungen von *haber*

Spanische Futur-Formen bilden gehört zu den einfacheren Aktionen. Man nimmt das komplette Verb im **Infinitiv** und hängt Endungen an:

Verbstamm	Endungen	Person	**komplette Formen**
comprar	***-é***	*(yo)*	*compra**ré***
	-ás	*(tú)*	*compra**rás***
	-á	*(él/ella/Vd.)*	*compra**rá***
	-emos	*(nosotros/as)*	*compra**remos***
	-éis	*(vosotros/as)*	*compra**réis***
	-án	*(ellos/ellas/Vds.)*	*compra**rán***

Wenn Sie diese Endungen wiedererkannt haben, sind Sie wirklich fit: Es handelt sich nämlich um die von *haber*, mit dessen Hilfe Sie ein *Compuesto* (vgl. SLE 16, Band I) bilden können:

Formen von	***haber***
(yo)	*h**e***
(tú)	*h**as***
(él/ella/Vd.)	*h**a***
(nosotros/nosotras)	*h**emos***
(vosotros/vosotras)	*hab**éis***
(ellos/ellas/Vds.)	*h**an***

Wenn sie als Futur «wieder verwendet» werden, erhalten die meisten dieser Endungen einen Akzent *(h**e** —> comprar**é**)* - damit sich die Betonung nicht um eine Silbe nach vorne verschiebt. Betont wird also (außer in der 1. Person Plural) die letzte Silbe (sie trägt ja den Akzent!).

Für die beiden anderen Konjugationen auf *-er* und *-ir* gilt selbstverständlich dasselbe:

Futur von	*com**er***	**Futur von**	*escrib**ir***
(yo)	*comer**é***	*(yo)*	*escribir**é***
(tú)	*comer**ás***	*(tú)*	*escribir**ás***
(él/ella/Vd.)	*comer**á***	*(él/ella/Vd.)*	*escribir**á***
(nosotros/nosotras)	*comer**emos***	*(nosotros/nosotras)*	*escribir**emos***
(vosotros/vosotras)	*comer**éis***	*(vosotros/vosotras)*	*escribir**éis***
(ellos/ellas/Vds.)	*comer**án***	*(ellos/ellas/Vds.)*	*escribir**án***

Verben mit **Lautveränderung** (z.B. *volver —> v**ue**lvo*) verändern ihren Stamm natürlich nicht, da es sich beim Futur ja um eine endungsbetonte Form handelt: *v**o**lveré ...*

Leider, leider gibt es auch einige Verben, die ein unregelmäßiges Futur bilden. Diese Unregelmäßigkeiten betreffen immer den **Stamm** (er wird meistens verkürzt), nie die **Endungen**. Hier als Beispiel das Futur von *tener*:

unregelmäßiges Futur von	***tener***
(yo)	*ten**dr**é*
(tú)	*ten**dr**ás*
(él/ella/Vd.)	*ten**dr**á*
(nosotros/nosotras)	*ten**dr**emos*
(vosotros/vosotras)	*ten**dr**éis*
(ellos/ellas/Vds.)	*ten**dr**án*

Sie können bei den Verben mit unregelmäßigem Futur also nicht vom Infinitiv ausgehen, sondern müssen sich einen anderen Stamm merken (hier: *tendr-*), an den Sie die bekannten Endungen hängen.

Hier eine Übersicht zu den Verben mit unregelmäßigem Futur:

Infinitiv	Futur I
decir:	*di**r**é ...*
haber:	*ha**br**é ...*
hacer:	*ha**r**é ...*
poder:	*po**dr**é ...*
poner:	*pon**dr**é ...*
querer:	*que**rr**é ...*
saber:	*sa**br**é...*
salir:	*sal**dr**é ...*
tener:	*ten**dr**é ...*
valer:	*val**dr**é ...*
venir:	*ven**dr**é ...*

1.1. Gebrauch des Futurs: meistens wie im Deutschen

Dass Sie mit Hilfe des Futurs – genau wie im Deutschen – Zukünftiges ausdrücken können, ist wohl kaum erwähnenswert. Hier trotzdem ein Beispiel:

*En abril viajar**emos** a Andalucía.* — Im April **werden wir** nach Andalusien **reisen.**

Wobei Sie – wieder genau wie im Deutschen – auch ein schlichtes Präsens setzen können, wenn eine Zeitbestimmung dabeisteht, die auf eine Zukunft verweist:

***En abril** viaj**amos** a Andalucía.* — Im April **reisen wir** nach Andalusien.

Mit einem Futur können Sie außerdem **Vermutungen** ausdrücken – auch wie im Deutschen:

¿Dónde está Kristina? – No lo sé. ***Estará*** *en la universidad.*
Wo ist Kristina? – Weiß ich nicht. Sie **wird (wohl)** in der Uni **sein**.

Übung

Setzen Sie bitte folgende Verbformen ins Futur:

deseas	*desearás*
1. *veis*	________
2. *hablan*	________
3. *quiere*	________
4. *tomamos*	________
5. *tienes*	________
6. *es*	________
7. *sé*	________
8. *hace*	________
9. *está*	________
10. *siento*	________
11. *viajamos*	________
12. *queremos*	________
13. *ofrezco*	________
14. *salen*	________
15. *juego*	________
16. *coméis*	________
17. *voy*	________
18. *pregunta*	________
19. *das*	________
20. *vivo*	________
21. *pongo*	________
22. *viene*	________

■ SLE 32: Personalpronomen nach Präpositionen

Was Sie schon kennen: Personalpronomen als Subjekt und Objektpronomen

Die «normalen» Personalpronomen, die das Subjekt eines Satzes bilden, kennen Sie seit Beginn Ihres Spanischkurses:

yo
tú
él/ella/usted
nosotros/nosotras
vosotros/vosotras
ellos/ellas/ustedes

Sie stehen in Aussagesätzen gewöhnlich vor dem Verb, werden aber – im spanischen Spanisch – nur gesetzt, wenn das Subjekt betont werden soll:

***Yo** no lo sé.*
Ich weiß das nicht! (aber vielleicht ein anderer)

Man kann diese Pronomen übrigens auch alleine, ohne Verb, benutzen:

*¿Quién es ?– **Yo**.* — Wer ist das? - Ich!

Ferner kennen Sie die **Objektpronomen** (vgl. SLE 21 und 22.1, Band I), mit denen man **direkte** und **indirekte Objekte** vom Typ *a* + Person ersetzt. Direkte Objekte werden – wenn man vom Deutschen herkommt – meistens mit «wen?» oder «was?», indirekte Objekte dieses Typs mit «wem?» erfragt:

direktes Objekt	**indirektes Objekt**
*¿Invitamos a Ana? – Sí, **la** invitamos.* Laden wir (wen?) Ana ein? – Ja, wir laden sie ein.	*¿Escribimos a Ana? – Sí, **le** escribimos.* Schreiben wir (wem?) Ana? – Ja, wir schreiben ihr.

Hier noch einmal die Übersicht zu den Objektpronomen:

Objektpronomen für	**direktes Objekt**	**indirektes Objekt**
1. Person Einzahl	*me*	*me*
2. Person Einzahl	*te*	*te*
3. Person Einzahl	***le, lo, la***	***le***
1. Person Mehrzahl	*nos*	*nos*
2. Person Mehrzahl	*os*	*os*
3. Person Mehrzahl	***les, los, las***	***les***

1. Personalpronomen nach Präpositionen

Nun kann es natürlich vorkommen, dass Sie ein Pronomen für ein indirektes Objekt mit einer anderen Präposition als *a* setzen möchten («Wir haben **über dich** gesprochen.» – «Ich habe etwas **für ihn** mitgebracht»). In allen diesen Fällen folgt auf die entsprechende Präposition – im Prinzip, Ausnahmen später! – ein ganz normales Personalpronomen:

Kristina ha comprado un regalo ***para Ramón****.*
Ha comprado un regalo ***para él****.*
Kristina hat ein Geschenk **für Ramón** gekauft.
Sie hat ein Geschenk **für ihn** gekauft.

Tengo un regalo ***para vosotros****.*
Ich habe ein Geschenk **für euch**.

Nur die ersten beiden Personen fallen aus dem Rahmen. Statt *yo* und *tú* stehen nämlich ***mí*** (mit Akzent!) beziehungsweise ***ti*** (ohne Akzent):

¿Has comprado todas estas cosas ***para mí****? – Sí, he comprado todo esto* ***para ti****.*
Hast du alle diese Sachen für mich gekauft? – Ja, ich habe dies alles für dich gekauft.

Hablamos todos ***de ti****.* — Wir reden alle über dich.

Eine komplette Liste für die Personalpronomen nach Präposition sieht also folgendermaßen aus:

mí	*nosotros/nosotras*
ti	*vosotros/vosotras*
él/ella/usted	*ellos/ellas/ustedes*

Auch auf die Präposition *a* können übrigens Personalpronomen folgen – wenn kein Verb dabeisteht oder schlicht und ergreifend zur stärkeren Betonung:

1. *¿A quién has invitado? ¿**A mí**? — Wen hast du eingeladen? Mich?*

2. *Sí, he invitado **a ti**.* — Ja, ich habe dich eingeladen.
(Sí, te he invitado.)

3. *¿A quién has escrito? ¿**A ella**?* — Wem hast du geschrieben? Ihr?

4. *No, no he escrito **a ella**.* — Nein, ich habe ihr nicht geschrieben.
(No, no le he escrito.)

In den Sätzen 1 und 3 muss ein Personalpronomen stehen, weil kein Verb vorhanden ist. In die Sätze 2 und 4 kann ich auch ein Objektpronomen einbauen (*te* bzw. *le*), mit dem Personalpronomen *(... a ti / a ella)* wird die Person aber stärker hervorgehoben.

Eine Besonderheit ergibt sich, wenn die Pronomen *mí* und *ti* auf die Präposition *con* treffen («... mit mir», «... mit dir»), wie im folgenden Ehekrachbeispiel:

*Ya no hablo **contigo**.* — Ich spreche nicht mehr mit dir.

Aus *con* + *mí* / *ti* wird nämlich ***conmigo*** (bei *mí*) und ***contigo*** (bei *ti*). Alle anderen Personalpronomen bleiben unverändert.

Carmen ya no habla con él. — Carmen spricht nicht mehr mit ihm.

Hoy he soñado con ella. — Heute habe ich von ihr geträumt.

☝ Wenn Sie's noch genauer wissen wollen ...

Bei den Pronomen lieben es die Spanier «doppelt gemoppelt». Oft setzen sie nämlich beides – Objektpronomen und Personalpronomen:

***A mí** no **me** gusta esta ciudad.* — **Mir** gefällt diese Stadt nicht!

***A él** no **le** han invitado.* — **Ihn** haben sie nicht eingeladen.

Die betreffende Person wird so noch stärker betont.

Auch ein **Reflexivpronomen** kann auf eine Präposition folgen. Aus *se* wird dabei allerdings *sí*:

*Compro este coche **para mí** (mismo).*
Ich kaufe diesen Wagen für mich (selbst).

*Juana compra este coche **para sí** (misma).*
Juana kauft diesen Wagen für sich (selbst).

Im Gefolge der Präposition *con* tritt wieder dieselbe «wundersame Verwandlung» ein wie bei *mí* und *ti*. Es heißt ***consigo:***

*Pilar lleva todo **consigo**.* — Pilar trägt alles bei sich / mit sich herum.

Es gibt einige wenige Präpositionen, nach denen nicht *mí* oder *ti* stehen, sondern *yo* oder *tú*. Die wohl häufigsten sind *entre* («zwischen») und *según* («nach», «gemäß», «je nachdem»):

Entre tú y yo *todo va bien.*
(etwa:) Zwischen dir und mir / unter uns beiden ist alles klar / in Ordnung.

Die Präposition *según* kommt häufig in Floskeln vor wie: *según yo/tú/él/ella* etc. («meiner/deiner/seiner/ihrer Meinung nach»).

Die Pronomen *yo* und *tú* stehen außerdem nach *excepto/salvo* und *menos* (alle u.a. «außer»).

Übung

Geben Sie die folgenden Sätze bitte in Spanisch wieder:

1. Sprecht ihr über mich? —Nein, wir sprechen nicht über dich.

___

2. Wen hast du eingeladen? Juanita auch? —Nein, ich habe sie nicht eingeladen.

___

3. Hast du Lust, mit mir ins Kino zu gehen? —Nein, ich habe keine Lust, mit dir ins Kino zu gehen.

___

4. Wir gehen ohne ihn ins Kino.

___

5. Möchtest du mit uns Tennis spielen? —Nein, ich habe keine Lust, mit euch Tennis zu spielen.

___

6. Ihr gefällt das nicht. Mir auch nicht.

___

7. Wir werden heute mit euch zu Abend essen.

___

8. Meiner Meinung nach ist die Prüfung *(el examen)* sehr leicht.

___

9. Zwischen dir und mir gibt es nie Diskussionen.

___

■ SLE 33: **Konditional**

Was Sie schon kennen: das Futur

In SLE 31 haben Sie das Futur kennen gelernt. Es wird gebildet, indem man an das komplette Verb im Infinitiv die Endungen von *haber* anhängt:

Verbstamm	Endungen	Person	**Futur**
comprar	***-é***	*(yo)*	*compraré*
	-ás	*(tú)*	*comprarás*
	-á	*(él/ella/Vd.)*	*comprará*
	-emos	*(nosotros/as)*	*compraremos*
	-éis	*(vosotros/as)*	*compraréis*
	-án	*(ellos/ellas/Vds.)*	*comprarán*

Wenn Sie nun anstelle eines Futurs ein Konditional bilden möchten, brauchen Sie lediglich andere Endungen anzuhängen.

1. Die Konditionalformen: Futur-Stamm mit anderen Endungen

Beim Konditional gehen Sie also – im Normalfall – erneut vom Infinitiv aus, hängen aber andere Endungen an (die Sie übrigens auch «wieder verwenden» können, doch dazu mehr in SLE 37):

Verbstamm	Endungen	Person	**Konditional**
comprar	***-ía***	*(yo)*	*compraría*
	-ías	*(tú)*	*comprarías*
	-ía	*(él/ella/Vd.)*	*compraría*
	-íamos	*(nosotros/as)*	*compraríamos*
	-íais	*(vosotros/as)*	*compraríais*
	-ían	*(ellos/ellas/Vds.)*	*comprarían*

Bei den beiden anderen Konjugationen funktioniert das wieder genauso:

Konditional von	*comer*
(yo)	*comer**ía***
(tú)	*comer**ías***
(él/ella/Vd.)	*comer**ía***
(nosotros/as)	*comer**íamos***
(vosotros/as)	*comer**íais***
(ellos/ellas/Vds.)	*comer**ían***

Konditional von	*escrib**ir***
(yo)	*escribir**ía***
(tú)	*escribir**ías***
(él/ella/Vd.)	*escribir**ía***
(nosotros/as)	*escribir**íamos***
(vosotros/as)	*escribir**íais***
(ellos/ellas/Vds.)	*escribir**ían***

Die Verben mit unregelmäßigem Futur bilden natürlich auch ein unregelmäßiges Konditional, wobei der Stamm gleich bleibt:

unregelmäßiges Konditional von	*tener*
(yo)	*ten**dr**ía*
(tú)	*ten**dr**ías*
(él/ella/Vd.)	*ten**dr**ía*
(nosotros/as)	*ten**dr**íamos*
(vosotros/as)	*ten**dr**íais*
(ellos/ellas/Vds.)	*ten**dr**ían*

Hier noch einmal die Liste:

*decir: d**i**ría...*	*saber: sa**br**ía...*
*haber: ha**br**ía...*	*salir: sal**dr**ía...*
*hacer: ha**r**ía...*	*tener: ten**dr**ía...*
*poder: po**dr**ía...*	*valer: val**dr**ía...*
*poner: pon**dr**ía...*	*venir: ven**dr**ía...*
*querer: que**rr**ía...*	

1.1. Gebrauch des Konditionals

◆ Das Konditional als Höflichkeitsform

Wenn ich etwas wissen oder haben will, schlage ich als zivilisierter Mensch nicht mit der Faust auf den Tisch und brülle: «Ich **will** ein Bier!» Ich schwäche meinen Wunsch vielmehr ab und sage: «Ich **möchte** ein Bier.» Hierzu benutze ich im Spanischen das Konditional. So kann die höfliche Frage nach der Uhrzeit beispielsweise lauten:

*Disculpe, ¿**podría** decirme la hora por favor?*
Entschuldigung, **könnten** Sie mir bitte sagen, wie viel Uhr es ist?

Und wenn Kristina in ein Modegeschäft geht, kann sie ihren Wunsch folgendermaßen zu Gehör bringen:

***Desearía** comprar una falda.* — Ich **möchte** gerne einen Rock kaufen.

Auf die Frage nach der gewünschten Farbe könnte sie antworten:

*La **querría** blanca.* — Ich **hätte** ihn gern in weiß.

Und so könnte sie sich – wiederum sehr höflich – nach dem Preis erkundigen:

*¿**Haría** el favor de decirme el precio?*
(etwa:) **Wären** Sie so freundlich, mir den Preis zu nennen?

◆ Das Konditional als Möglichkeitsform

Eine andere Funktion hat das Konditional im folgenden Beispiel:

¿Tienes ganas de ir a la playa mañana?
*– Me **encantaría**, pero mañana tengo clase en la universidad.*
(etwa:) Hast du Lust, mit an den Strand zu kommen?
– Das **würde** ich sehr gern, aber morgen habe ich Kurse an der Uni.

Kristina drückt hier aus, dass sie sich eigentlich sehr gern auf die faule Haut legen **würde** – dass aber leider die Pflicht ruft. Damit rückt ihr Strandbesuch aus der Wirklichkeit in den Bereich der Möglichkeiten: Man täte etwas vielleicht ganz gerne, aber es geht aus irgendwelchen Gründen nicht. So könnte sie bei einem extrem teueren Kleidungsstück wahrscheinlich eher denken als sagen:

***Compraría** este vestido, pero no tengo bastante dinero.*
Ich **würde** dieses Kleid (gerne) **kaufen**, aber ich habe nicht genug Geld.

Sie haben sicherlich gemerkt, in welcher Art von Sätzen das Konditional als Möglichkeitsform besonders häufig vorkommt: in Bedingungssätzen (etwa: «Wenn ich das nötige Kleingeld hätte, würde ich dieses Kleid kaufen»). Dazu im Verlauf dieses Bandes mehr.

Mit Hilfe des Konditionals kann ich natürlich auch Ratschläge und Kritik ausdrücken. So könnte die berüchtigte «beste Freundin» sagen:

*Yo no **compraría** esta falda.* — Ich (an deiner Stelle) würde diesen Rock nicht kaufen!

Man erkennt hier wieder besonders deutlich, dass das Konditional tatsächlich eine Möglichkeit ausdrückt: Besagte Freundin ist ja nicht die Käuferin, und die kann tun und lassen, was sie will!

Das Konditional hat im Spanischen noch einige weitere Funktionen, auf die wir bei passender Gelegenheit zurückkommen.

Übung

Setzen Sie bitte die folgenden Verbformen ins Konditional:

	deseas	*desearías*
1.	*veis*	____________
2.	*hablan*	____________
3.	*quiere*	____________
4.	*tomamos*	____________
5.	*tienes*	____________
6.	*es*	____________
7.	*sé*	____________
8.	*hace*	____________
9.	*está*	____________
10.	*siento*	____________
11.	*viajamos*	____________
12.	*puede*	____________
13.	*queremos*	____________
14.	*ofrezco*	____________
15.	*salen*	____________
16.	*juego*	____________
17.	*coméis*	____________
18.	*voy*	____________
19.	*pregunta*	____________
20.	*das*	____________
21.	*vivo*	____________

■ SLE 34: 1. Präpositionen nach Verben, Substantiven und Adjektiven

Was Sie schon kennen: das Problem

In SLE 12 (Band I) haben wir versucht, Ihnen einige Grundregeln für den Gebrauch der Präpositionen an die Hand zu geben: Wie man **nach** Sevilla kommt, weil man noch nicht **in** Sevilla war und so weiter. In diesem Zusammenhang sind wir auch kurz auf das Thema «Präpositionen im Verb-Anschluss» eingegangen:

*Kristina aprende **a** jugar **al** tenis.* — Kristina lernt Tennis spielen.

Zweimal taucht in diesem Satz die Präposition *a* auf, aber in beiden Fällen hat sie keine Entsprechung im Deutschen: Wenn ich im Spanischen sagen will, dass ich «lerne, etwas zu tun», muss ich auf das Verb *aprender* die Präposition *a* folgen lassen. Setze ich keine oder eine andere Präposition, ist mein Satz falsch und womöglich unverständlich oder hat – je nach Verb – im schlimmsten Fall eine ganz andere Bedeutung (denken Sie beispielsweise an *acabar*, das nur zusammen mit der Präposition *de* eine Vergangenheit ausdrücken kann). Auch der Ausdruck «etwas (=ein Spiel) spielen» enthält die Präposition *a (jugar al fútbol, al tenis ...)*

Dass **zusammengesetzte Substantive** (etwa «Schreib-Maschine» oder «Wind-Mühle»), wie wir sie im Deutschen so gern verwenden, im Spanischen meistens durch zwei Hauptwörter wiedergegeben werden, ist Ihnen beim Vokabellernen bestimmt schon aufgefallen. Meistens steht zwischen ihnen die Präposition *de*:

*Don Eusebio escribe sus textos todavía con una **máquina de escribir**.*
Don Eusebio schreibt seine Texte immer noch auf einer Schreibmaschine.

Eine Vertreterstelle wäre demnach *un puesto **de** representante*, eine Schreibmaschine seligen Gedenkens *una máquina **de** escribir* und die berühmten Windmühlen, gegen die der wackere *Don Quijote* kämpft, sind *los molinos **de** viento*.

Dementsprechend steht auch hinter Ausdrücken, die aus einem Verb + Substantiv bestehen, meistens (aber leider nicht immer!) *de:*

*Kristina hoy no **tiene ganas de** ir a la universidad.*
(etwa:) Kristina hat heute keine Lust, in die Uni zu fahren.

«Lust haben, etwas zu tun» wird im Spanischen – wie im Deutschen – mit *tener* («haben») und dem Substantiv für «Wunsch», «Lust», «Begehren», *la gana* (im Plural), wiedergegeben. Aber dann folgt, anders als im Deutschen, noch die Präposition *de.* Ähnlich Zusammensetzungen wie *hacer el favor de* («den Gefallen tun zu») und viele andere.

Auch bestimmte **Adjektive** und **Partizipien** werden – genau wie im Deutschen – mit einer Präposition verbunden:

Ana está ***orgullosa de*** *su coche nuevo.* — Ana ist **stolz auf** ihren neuen Wagen.

Im Deutschen heißt es «stolz auf», im Spanischen steht statt «auf» ein *de*. Oft gehört aber in den spanischen Satz auch eine Präposition, wenn im Deutschen gar nichts steht, etwa bei *(in)capaz* ***de***, «(un)fähig, etwas zu tun» etc.

Von besonderer Bedeutung ist, dass sich – wie eingangs gesagt – mit der Präposition oft der Sinn ändert, wie bei *acabar* oder auch *quedar* und vielen anderen Verben:

¿Te quedas ***con*** *esta falda, Ana?* — Behältst du diesen Rock, Ana?

Eigentlich bedeutet *quedarse* «bleiben», «sich aufhalten» etc. Zusammen mit der Präposition *con* ändert sich die Bedeutung des Verbs radikal: Es steht jetzt für «behalten», «kaufen», aber – mit einer Person als Objekt – auch für «hintergehen», «betrügen».

Also ein uferloses Thema? Ein sprachlicher Sumpf, in dem Sie hoffnungslos versinken werden? Mitnichten – auch dieses Problem ist mit Systematik und etwas Lernarbeit ohne weiteres zu bewältigen. Mehr dazu gleich.

Anschlüsse mit Präpositionen: das Prinzip

Zu *alegarse* («sich freuen») gehört beispielsweise die Präposition *de*. Was immer Sie nun auf dieses Verb folgen lassen – ein Substantiv, ein Pronomen, einen Infinitiv oder gar einen kompletten Nebensatz –, das *de* ist mit von der Partie. Sie dürfen es nicht unterschlagen. Sehen wir uns zunächst zwei Beispiele mit nachfolgendem Objekt, einmal als Substantiv und einmal als Pronomen an:

Me alegro ***de*** *tu visita.* — Ich freue mich über deinen Besuch.
Me alegro ***de*** *ella.* — Ich freue mich darüber (wörtlich: über ihn[1]).

Statt eines Objekts kann aber auch ein **Infinitiv** folgen:

Me algero ***de verte.*** — Ich freue mich, dich zu sehen.

Wieder steht zwischen *alegrarse* und dem, was folgt, das unvermeidliche *de*. Anstelle des Infinitivs kann aber auch ein ganzer **Nebensatz** stehen:

Me alegro ***de que vengas[2] hoy.*** — Ich freue mich, dass du heute kommst.

Auch hier darf zwischen *me alegro* und dem Nebensatz das *de* nicht fehlen! (Sie erinnern sich an unser erstes Beispiel.) Dieser Nebensatz kann natürlich auch eine **indirekte Rede** oder **Frage** sein:

---

1 Da der Besuch im Spanischen weiblich ist, *la visita*, steht das Pronomen natürlich in der femininen Form.
2 In einem Nebensatz nach *alegrarse de* muss *subjuntivo* stehen.

Me alegro de ***lo que dice***. — Ich freue mich über das, was er/sie sagt.

Je nach Lust und Laune (immer vorausgesetzt natürlich, dass es einen Sinn ergibt) sind also folgende Anschlüsse möglich:

ein **Substantiv** (Objekt):	*... de tu* ***visita***
ein **Pronomen**	*... de* ***ella***
ein **Infinitiv**	
(gegebenenfalls mit weiteren Ergänzungen):	*... de* ***ver****(te)*
oder ein **Nebensatz**	*... de* ***que vengas***
	... de ***lo que dice***

Anschlüsse mit Präpositionen: Lernstrategien

Nun ist es sicherlich wenig sinnvoll, lange Listen mit Verben oder Adjektiven auswendig zu lernen, wie man das früher zum Teil getan hat. Die eleganteste – da am wenigsten lernaufwändige – Methode ist vielmehr, die Präposition als festen Bestandteil des Wortes gleich von Anfang an mitzulernen. Sie prägen sich also nicht «sich erinnern» = *acordarse* ein, sondern = *acordarse* ***de***. Genauso gehen Sie in allen anderen Fällen vor: *capaz* ***de****, tener ganas* ***de****, decidirse* ***a*** («sich entscheiden für») und so weiter. Nur so wird Ihnen der Gebrauch am ehesten «in Fleisch und Blut» übergehen.

1. Präpositionen nach Verben, Substantiven und Adjek - tiven: eine erste Übersicht

Hier zur ersten Information trotzdem eine Übersicht mit einigen Beispielen.

1.1 Verben:

◆ Verben ohne Präposition

Ohne Präposition stehen die Verben für «müssen», «können», «wollen» (was Ihnen bestimmt schon aufgefallen ist). Ebenfalls in diese Gruppe gehört *soler* («etwas zu tun pflegen», «gewöhnlich etwas tun»):

deber	*Debo visitar a unos amigos.* Ich muss einige Freunde besuchen. (ebenso: *tener que / necesitar hacer algo*)	müssen
poder	*No puedo venir.* Ich kann nicht kommen.	können
querer/ desear	*Quiero/Deseo visitar esta ciudad.* Ich möchte diese Stadt besuchen.	wollen ... wünschen
soler	*Suelo comer en un bar.* Ich esse gewöhnlich in einer Kneipe.	zu tun pflegen

Auch Verben des **Veranlassens** und **Verursachens** stehen ohne Präposition:

hacer	*Hago reparar el coche.* Ich lasse das Auto reparieren.	lassen (= veranlassen)
permitir	*Te permito coger mi coche.* Ich erlaube dir, mein Auto zu nehmen.	erlauben
prohibir	*El médico me prohibe beber alcohol.* Der Arzt verbietet mir, Alkohol zu trinken.	verbieten

Ebenfalls ohne Präposition werden die Verben der **Sinneswahrnehmung** («sehen», «hören», «fühlen») gebraucht:

oír	*Te oigo entrar.* Ich höre dich eintreten.	hören
ver	*Te veo venir.* Ich sehe dich kommen.	sehen

Ferner ohne Präposition stehen:

preferir	*Prefiero quedarme en casa* Ich ziehe es vor, mich zu Hause aufzuhalten.	vorziehen
esperar	*Espero ganar un viaje a Brasil.* Ich hoffe, eine Reise nach Brasilien zu gewinnen.	hoffen

... und eine Reihe weiterer.

◆ Verben mit der Präposition *de*

acordarse de	*Me acuerdo* ***del*** *viaje a Brasil.* Ich erinnere mich an die Reise ...	sich erinnern, denken an
alegrarse de	*Me alegro* ***de*** *esta fiesta.* Ich freue mich über diese Feier.	sich freuen über
dejar de *terminar de*	*Dejo/Termino* ***de*** *trabajar.* Ich höre auf zu arbeiten.	aufhören zu
informar(se) de	*Tengo que informarme* ***del*** *viaje.* Ich muss mich über die Reise informieren.	(sich) informieren über
ocuparse de	*¿Te ocupas* ***de*** *los niños?* Kümmerst du dich um die Kinder?	sich kümmern um
tratar de	*Trataré* ***de*** *ganar el viaje.* Ich werde versuchen, die Reise zu gewinnen.	versuchen zu
se trata de	*Se trata* ***de*** *su viaje.* Es geht/handelt sich um Ihre Reise.	es geht um

◆ Verben mit der Präposition *a*

aprender a	*Aprendo* ***a*** *hablar español.* Ich lerne, Spanisch zu sprechen.	lernen
ayudar a	*Te ayudo* ***a*** *preparar el almuerzo.* Ich helfe dir, das Essen zu machen.	helfen
decidirse a	*Me he decidido* ***a*** *hacer el viaje.* Ich habe mich entschlossen, die Reise zu machen.	sich entschließen zu
empezar a	*Empiezo* ***a*** *trabajar a las nueve.* Ich beginne um 9 zu arbeiten.	anfangen etw. zu tun
invitar a	*Te invito* ***a*** *tomar una cerveza.* Ich lade dich ein, ein Bier zu trinken.	einladen, auffordern (zu)
llegar a	*¿A qué hora llegarás* ***a*** *Madrid?* Wann kommst du in Madrid an?	ankommen (in)

◆ Verben mit anderen Präpositionen

entrar en	*Kristina entra* ***en*** *el restaurante.* Kristina betritt das Restaurant.	eintreten (in), betreten
pensar en	*Siempre pienso* ***en*** *ti.* Ich denke immer an dich.	denken an

◆ Verben mit verschiedenen Präpositionen

cambiar ***por***	*Quiero cambiar estos pantalones* ***por*** *otros.* Ich möchte diese Hose gegen eine andere eintauschen.	(um-) tauschen gegen
cambiar ***de***	*Tiene Vd. que cambiar* ***de*** *tren.* Sie müssen umsteigen.	wechseln, umsteigen
enfadarse ***de***	*Me enfado* ***de*** *todo esto.* Ich ärgere mich über dies alles.	sich **über etw.** ärgern
enfadarse ***con***	*Me enfado* ***con*** *Juan.* Ich ärgere mich über Juan.	sich **über jmd**. ärgern
quedar ***en***	*Hemos quedado* ***en*** *hacerlo.* Wir haben vereinbart, das zu tun.	vereinbaren, etw. zu tun
quedar ***con***	*He quedado* ***con*** *mis amigos.* Ich habe mich mit meinen Freunden verabredet.	sich verabreden
*queda****rse*** ***con***	*Voy a quedarme* ***con*** *esta falda.* Ich werde diesen Rock behalten.	behalten

Natürlich ließen sich diese Listen beträchtlich erweitern. Wir verzichten darauf und verweisen noch einmal auf unseren Vorschlag, Verb und Präposition als Einheit zu lernen.

◆ Präpositionen nach Substantiven

Wie gesagt, steht hinter Substantiven meistens (aber leider nicht immer!) *de*. Dasselbe gilt auch für Ausdrücke, die aus einem Verb + Substantiv bestehen:

tener ganas de	*Hoy no tengo ganas* **de** *comer fuera.* Heute habe ich keine Lust, auswärts zu essen.	Lust haben zu, ... zu ...
hacer el favor de	*Hágame el favor* **de** *acompañarme a la estación.* Tun Sie mir den Gefallen, mich zum Bahnhof zu begleiten.	den Gefallen tun, ... zu ...

... und so weiter. Ausnahmen sollten Sie sich besonders gründlich einprägen.

◆ **Präpositionen nach Adjektiven:**

Hier noch einige Beispiele für Präpositionen nach Adjektiven:

(in)capaz de	*Nunca sería capaz* **de** *hacerlo.* Ich wäre nie imstande, das zu tun.	(un-) fähig zu (nicht) imstande zu
necesario para	*Este libro es necesario* **para** *aprender español.* Dieses Buch ist nötig, um Spanisch zu lernen.	nötig, um ... zu ...
orgulloso de	*Juan está orgulloso* **de** *su coche.* Juan ist stolz auf sein Auto.	stolz auf

Übungen:

1. Ergänzen Sie bitte – wenn nötig – die passende Präposition:

1. *Me alegro ____ verte, porque me gusta mucho___ acordarme __ nuestras vacaciones __ España. Espero ____ que viajaremos juntos el año próximo.*
2. *Lo siento, pero no se permite ____fumar aquí. Si quiere ____fumar, tiene que _____ irse.*
3. *Querría ____empezar____ trabajar, pero hoy no me da tiempo ___ trabajar.*
4. *He dejado ___ fumar, porque el médico me ha prohibido _____ fumar.*
5. *A veces, mi marido me ayuda ___ arreglar a los niños. Cuando no lo hace, me enfado _____ él.*
6. *¿Has quedado ____tus amigos? —Hoy no he quedado ____nadie.*
7. *¿___ qué estás pensando? — Estoy pensando ____ mi novia.*
8. *¿__ qué hora llegarás? — Trataré ____llegar __ las nueve.*
9. *¿___ qué te ocupas? —Me ocupo ___ mi trabajo, y no tengo tiempo __ pensar ___ otras cosas.*
10. *¿Cómo sueles ____ ir ___ la oficina? ¿__ coche? —No puedo____ coger el coche, voy ____ autobús.*
11. *¿Podríamos cambiar este disco ____ otro?*

2. Geben Sie die folgenden Sätze bitte in Spanisch wieder:

1. Ich freue mich über den Krug *(el jarrón).*

____

2. Hör auf zu arbeiten. Ich lade dich ein, einen zu trinken.

____

3. Ich stehe gewöhnlich um 7 Uhr auf.

____

4. Der Chef kümmert sich um alles.

____

5. Ich bin umgezogen. Ich wohne jetzt in einem anderen Viertel.

____

6. Fragen Sie den Pförtner *(el portero)*. Fragen Sie nach Herrn López.

____

Was Sie schon kennen: das *Compuesto*

In SLE 16 (Band I) haben Sie das *(Pretérito perfecto) compuesto* kennen gelernt:

*Yo **he tenido** suerte en el juego. **He ganado** dos veces.*
Tengo 10.000 €.
Ich hatte Glück im Spiel. Ich habe zweimal gewonnen.
Ich habe (jetzt) 10.000 €.

Sie erinnern sich auch bestimmt noch an die 'Bedingung', die mit dem Gebrauch des *Compuesto* verbunden ist (weswegen Sie diese spanische Zeit auch nicht immer mit dem deutschen Perfekt gleichsetzen können): Es muss ein Gegenwartsbezug vorhanden sein, die Folgen der (im *Compuesto* geschilderten) Handlung müssen irgendeine Bedeutung für die Gegenwart haben. In diesem Fall ist die Tatsache, dass der Sprecher jetzt um 10.000 € reicher ist, auf seinen vorherigen Gewinn (oder sein Glück im Spiel) zurückzuführen.

Außerdem wissen Sie sicher noch, wie man das *Compuesto* bildet: mit *haber* als Hilfsverb und dem Partizip des «eigentlichen» Verbs[1].

Wenn Sie dagegen von «ganz normalen», das heißt abgeschlossenen Ereignissen ohne Gegenwartsbezug berichten wollen («Freunde von mir waren vor zwei Jahren in Ägypten»), oder es um historische Fakten («Franco starb im Jahre 1975») geht, brauchen Sie das *Pretérito indefinido,* kurz *Indefinido.*

1. Gebrauch des *Indefinido*: für abgeschlossene Ereignisse

Das *Indefinido* wird also immer dann gebraucht, wenn man über abgeschlossene Ereignisse in der einfachen Vergangenheit berichtet.

***El año pasado viajé** a España.*
Letztes Jahr reiste ich nach Spanien / **bin ich** nach Spanien **gereist**.

---

1 Hier zur Erinnerung noch einmal die Formen von *haber* und die Partizipien der regelmäßigen Verben:

haber		
he	*trabaj**ado***	(nicht zu vergessen die unregelmäßigen!)
has		
ha	*com**ido***	
hemos	*viv**ido***	
habéis		
han		

Die Spanienreise wird hier als abgeschlossene Handlung gesehen. Auswirkungen auf die Gegenwart sind nicht feststellbar oder werden außer Acht gelassen (sonst müsste ein *Compuesto* stehen).

Dementsprechend folgt *Indefinido* oft auf Zeitangaben wie *ayer, la semana pasada, el año pasado, en 1999, de 1984 a 1994* etc.

Logischerweise ist das *Indefinido*, zusammen mit dem *Imperfecto* (von dem noch die Rede sein wird), die klassische Zeitform für Romane, Erzählungen etc. So beginnt das berühmte «Windmühlenabenteuer» des wackeren *Don Quijote* mit den Sätzen:

> *En esto **descubrieron** treinta o cuarenta molinos de viento que hay en aquel campo, y así como don Quijote los **vio**, **dijo** a su escudero: ...*
>
> Unterdessen **entdeckten** sie dreißig oder vierzig Windmühlen, welche auf diesem Feld stehen, und sobald Don Quijote sie **erblickte** (sah), **sprach** er zu seinem Knappen: ...

Dementsprechend drückt das *Indefinido* oft auch mehrere aufeinander folgende (abgeschlossene) Handlungen aus:

> *El ladrón **abrió** la puerta, **entró** y **dijo**: «¡Manos arriba!»*
> Der Räuber öffnete die Tür, trat ein und sagte: «Hände hoch!»

Klarer Fall: Zuerst geht die Tür auf, dann tritt der Gangster ein, und zu guter Letzt brüllt er los.

Logischerweise stehen Verben, die einen Beginn ausdrücken, oft im *Indefinido:*

> *Ayer, Kristina **empezó** su trabajo a las ocho.*
> Gestern **begann** Kristina ihre Arbeit um acht.

Das gilt besonders für jenes Verb, mit dem jede Biographie beginnt:

> ***Nací** en 1975.* — Ich wurde 1975 geboren.
> *Cervantes **nació** en 1547.* — Cervantes wurde 1547 geboren.

Denn natürlich ist jede Geburt auch in gewisser Hinsicht ein «einmaliges historisches Ereignis».

Noch etwas: Wenn Sie in der einfachen Vergangenheit etwas beschreiben wollen («Die Stadt **war** groß ...»), können Sie kein *Indefinido* setzen. Dann steht *Imperfecto* (vgl. SLE 37).

2. Die Formen des *Indefinido*: Endungen

Während sich das *Compuesto* aus zwei Elementen, Verb und Hilfsverb, zusammensetzt, wird das *Indefinido* durch Anhängen einer Endung an den Verbstamm gebildet:

Verbstamm	Indefinido-Endung	Indefinido-Form
trabaj-	*(yo)* ***-é***	***trabajé***

Das *Indefinido* der Verben auf *-ar* hat folgende Formen:

Indefinido **der Verben auf** ***-ar***	
(yo)	*trabaj**é***
(tú)	*trabaj**aste***
(él/ella/ Vd.)	*trabaj**ó***
(nosotros/-as)	*trabaj**amos***
(vosotros/-as)	*trabaj**asteis***
(ellos/ellas/Vds.)	*trabaj**aron***

In der 1. Person Plural ist das *Indefinido* der Verben auf *-ar*, wie Sie sehen, mit der entsprechenden Präsens-Form identisch *(trabajamos)*. Betont werden jeweils die unterstrichenen Vokale.

Die Verben auf *-er* und *-ir* haben im *Indefinido* die gleichen Formen:

Indefinido der (regelmäßigen)	**Verben auf** ***-er***	**Verben auf** ***-ir***
(yo)	*comí*	*viví*
(tú)	*com**iste***	*viv**iste***
(él/ella/ Vd.)	*com**ió***	*viv**ió***
(nosotros/-as)	*com**imos***	*viv**imos***
(vosotros/-as)	*com**isteis***	*viv**isteis***
(ellos/ellas/Vds.)	*com**ieron***	*viv**ieron***

Die Betonung liegt bei den Verben auf *-ar* durchgehend auf dem ersten Vokal der Endung. Bei den Verben auf *-er* und *-ir* «rutscht» der Ton in den dritten Personen (Einzahl und Mehrzahl) vom ersten Laut der Endung auf den jeweils zweiten *(com**i**ste → comi**ó**, viv**i**steis → vivi**e**ron)*. Wir haben auch hier die betonten Vokale unterstrichen.

Bei den Verben auf *-ir* ist die 1. Person Plural des *Indefinido* ebenfalls mit der entsprechenden Präsens-Form identisch *(vivimos)*.

Da die (regelmäßigen) Formen des *Indefinido* **endungsbetont** sind, tauchen bei den Verben mit Lautveränderung die Vokale des Infinitivs auf *(v**o**lver → v**ue**lvo*, aber: *v**o**lví ...)*

Leider gibt es beim *Indefinido* eine Menge «Unregelmäßigkeiten». Hier eine Übersicht mit den wichtigsten Verben:

Indefinido von	***andar*** (laufen, gehen)	*Indefinido* von	***caer*** (fallen)
(yo)	*and**uve***	*(yo)*	*caí*
(tú)	*and**uviste***	*(tú)*	*caíste*
(él/ella/Vd.)	*and**uvo***	*(él/ella/Vd.)*	*cayó*
(nosotros/-as)	*and**uvimos***	*(nosotros/-as)*	*caímos*
(vosotros/-as)	*and**uvisteis***	*(vosotros/-as)*	*caísteis*
(ellos/ellas/Vds.)	*and**uvieron***	*(ellos/ellas/Vds.)*	*cayeron*

Indefinido von	***conducir*** (führen, lenken)	*Indefinido* von	***dar*** (geben)
(yo)	*cond**uje***	*(yo)*	*d**i***
(tú)	*condu**j**iste*	*(tú)*	*diste*
(él/ella/Vd.)	*cond**ujo***	*(él/ella/Vd.)*	*d**io***
(nosotros/-as)	*condu**j**imos*	*(nosotros/-as)*	*dimos*
(vosotros/-as)	*condu**j**isteis*	*(vosotros/-as)*	*disteis*
(ellos/ellas/Vds.)	*condu**jeron***	*(ellos/ellas/Vds.)*	*dieron*

Indefinido von	***decir*** (sagen)	*Indefinido* von	***estar*** (s. befinden, sein)
(yo)	*d**ije***	*(yo)*	*est**uve***
(tú)	*d**ij**iste*	*(tú)*	*est**uvi**ste*
(él/ella/Vd.)	*d**ijo***	*(él/ella/Vd.)*	*est**uvo***
(nosotros/-as)	*d**ij**imos*	*(nosotros/-as)*	*est**uv**imos*
(vosotros /-as)	*d**ij**isteis*	*(vosotros/-as)*	*est**uv**isteis*
(ellos/ellas/Vds.)	*d**ij**eron*	*(ellos/ellas/Vds.)*	*est**uvi**eron*

Indefinido von	***haber***	*Indefinido* von	***hacer*** (tun, machen)
(yo)	*h**ube***	*(yo)*	*h**ice***
(tú)	*h**ub**iste*	*(tú)*	*h**ic**iste*

(él/ella/Vd.)	***hubo***	*(él/ella/Vd.)*	***hizo***
(nosotros/-as)	***hub**imos*	*(nosotros/-as)*	*h**ic**imos*
(vosotros/-as)	***hub**isteis*	*(vosotros/-as)*	*h**ic**isteis*
(ellos/ellas/Vds.)	***hub**ieron*	*(ellos/ellas/Vds.)*	*h**ic**ieron*

Indefinido von	***ir*** (gehen) ***ser*** (sein)	*Indefinido* von	***oír*** (hören)
(yo)	***fui***	*(yo)*	*oí*
(tú)	***fuiste***	*(tú)*	*oíste*
(él/ella/Vd.)	***fue***	*(él/ella/Vd.)*	*oyó*
(nosotros/-as)	***fuimos***	*(nosotros/-as)*	*oímos*
(vosotros/-as)	***fuisteis***	*(vosotros/-as)*	*oísteis*
(ellos/ellas/Vds.)	***fueron***	*(ellos/ellas/Vds.)*	*oyeron*

Indefinido von	***poder*** (können, dürfen)	*Indefinido* von	***poner*** (legen, stellen)
(yo)	***pude***	*(yo)*	***puse***
(tú)	***pud**iste*	*(tú)*	***pus**iste*
(él/ella/Vd.)	***pudo***	*(él/ella/Vd.)*	***puso***
(nosotros/-as)	***pud**imos*	*(nosotros/-as)*	***pus**imos*
(vosotros/-as)	***pud**isteis*	*(vosotros/-as)*	***pus**isteis*
(ellos/ellas/Vds.)	***pud**ieron*	*(ellos/ellas/Vds.)*	***pus**ieron*

Indefinido von	***querer*** (wollen, lieben)	*Indefinido* von	***reír*** (lachen)
(yo)	*qu**ise***	*(yo)*	*reí*
(tú)	*qu**is**iste*	*(tú)*	*reíste*
(él/ella/Vd.)	*qu**iso***	*(él/ella/Vd.)*	*rió*
(nosotros/-as)	*qu**is**imos*	*(nosotros/-as)*	*reímos*
(vosotros/-as)	*qu**is**isteis*	*(vosotros/-as)*	*reísteis*
(ellos/ellas/Vds.)	*qu**is**ieron*	*(ellos/ellas/Vds.)*	*rieron*

Indefinido von	**saber** (wissen, können)	*Indefinido* von	**tener** (haben, halten)
(yo)	*s**upe***	*(yo)*	*t**uve***
(tú)	***sup**iste*	*(tú)*	***tuv**iste*
(él/ella/Vd.)	*s**upo***	*(él/ella/Vd.)*	*t**uv**o*
(nosotros/-as)	***sup**imos*	*(nosotros/-as)*	***tuv**imos*
(vosotros /-as)	***sup**isteis*	*(vosotros/-as)*	***tuv**isteis*
(ellos/ellas/Vds.)	***sup**ieron*	*(ellos/ellas/Vds.)*	***tuv**ieron*

Indefinido von	**traer** (bringen)	*Indefinido* von	**venir** (kommen)
(yo)	*tra**je***	*(yo)*	*v**ine***
(tú)	*tra**j**iste*	*(tú)*	*v**in**iste*
(él/ella/Vd.)	*tra**jo***	*(él/ella/Vd.)*	*v**ino***
(nosotros/-as)	*tra**j**imos*	*(nosotros/-as)*	*v**in**imos*
(vosotros/-as)	*tra**j**isteis*	*(vosotros/-as)*	*v**in**isteis*
(ellos/ellas/Vds.)	*tra**jeron***	*(ellos/ellas/Vds.)*	*v**in**ieron*

Indefinido von	**ver** (sehen)
(yo)	*vi*
(tú)	*viste*
(él/ella/Vd.)	*v**io***
(nosotros/-as)	*vimos*
(vosotros /-as)	*visteis*
(ellos/ellas/Vds.)	*vieron*

Was auffällt: Die Verben *ir* und *ser* haben im *Indefinido* dieselben Formen *(fui ...)*. Bei *dar* und *ver* brauchen Sie nur den ersten Buchstaben «auszutauschen», um das jeweils andere *Indefinido* zu bilden (***d**i* → ***v**i*, ***d**io* → ***v**io* etc.)

Bei den anderen Verben ist teils nur der Stamm, teilweise sind auch die Endungen unregelmäßig (wir haben beides durch Fettdruck hervorgehoben). Die markanten Akzente in der ersten und dritten Person Einzahl (*trabaj**é**, trabaj**ó**, com**í**, comi**ó*** etc.) fehlen bei den Unregelmäßigen meistens, entsprechend verschiebt sich die Betonung (hier durch Unterstreichen gekennzeichnet).

Übung

Setzen Sie die folgenden Präsensformen bitte ins *Indefinido*:

1. *hablas* ____________________
2. *escuchan* ____________________
3. *tienen* ____________________
4. *preguntamos* ____________________
5. *vas* ____________________
6. *dices* ____________________
7. *estoy* ____________________
8. *hace* ____________________
9. *ponen* ____________________
10. *eres* ____________________
11. *llegan* ____________________
12. *reciben* ____________________
13. *preparas* ____________________
14. *puedo* ____________________
15. *dicen* ____________________
16. *doy* ____________________
17. *tenemos* ____________________
18. *podemos* ____________________
19. *dan* ____________________
20. *va* ____________________
21. *hago* ____________________
22. *tomo* ____________________
23. *encuentra* ____________________
24. *me levanto* ____________________
25. *entienden* ____________________

■ SLE 36: 1. Futur II
2. Konditional II

Was Sie schon kennen: das *Compuesto*

In SLE 16 (Band I) haben Sie das *Compuesto* kennen gelernt, auf den Gebrauch sind wir im Zusammenhang mit dem *Indefinido* noch einmal kurz eingegangen. An dieser Stelle soll es vor allem um die Formen des *Compuesto* gehen – sie sind nämlich die Basis für alle weiteren zusammengesetzten Zeiten.

Ein *Compuesto* besteht, wie Sie wissen, immer aus zwei Elementen, einer Form des Verbs *haber*, als **Hilfsverb**, und dem eigentlichen Verb im **Partizip**:

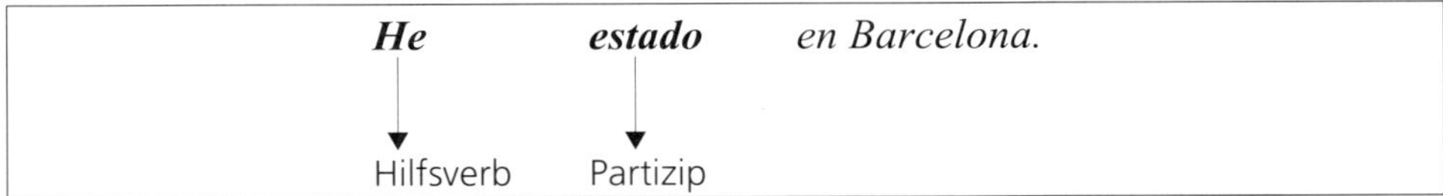

Hier noch einmal ein Überblick zu sämtlichen Formen:

Person:	Hilfsverb ***haber***	**Partizip** (hier von *estar*)
(yo)	*he*	*estado*
(tú)	*has*	*estado*
(él/ella/Vd.)	*ha*	*estado*
(nosotros/-as)	*hemos*	*estado*
(vosotros/-as)	*habéis*	*estado*
(ellos/ellas/Vds.)	*han*	*estado*

Die regelmäßigen Verben auf *-ar* haben im Partizip die Endung *-ado (est**ado**)*, die auf *-er* und *-ir* die Endung *-ido (com**ido**, viv**ido**)*. Die unregelmäßigen Partizipien können Sie – wenn Sie unsicher sind – noch einmal in SLE 16 oder der Zusatz-SLE «Verben» (Band I) nachsehen.

Auch wenn wir nicht ausdrücklich darauf hingewiesen haben, es ist Ihnen bestimmt nicht entgangen: Das Hilfsverb *haber* steht hier im Präsens *(**he** estado …)*. Wenn ich es in eine andere Zeit setze (z.B. ins Futur I oder ins Konditional I), entstehen andere zusammengesetzte Zeiten.

1. Futur II

1.1 Die Formen: Hilfsverb im Futur I

Ich setze das Hilfsverb *haber* also ins Futur I ***(habré ...)***, dahinter – wie immer – das Partizip und erhalte ein Futur II:

Person	**Hilfsverb *haber* im Futur I**	**Partizip** (hier von *estar*)
(yo)	***habré***	*estado*
(tú)	***habrás***	*estado*
(él/ella /Vd.)	***habrá***	*estado*
(nosotros/-as)	***habremos***	*estado*
(vosotros/-as)	***habréis***	*estado*
(ellos/ellas/Vds.)	***habrán***	*estado*

Dass die Futur-Endungen denen von *haber* (im Präsens) entsprechen *(**he** → habr**é**)* und dass im Futur bei *haber* der Verbstamm verkürzt wird *(haber,* aber *habré)*, haben Sie sicher nicht vergessen (vgl. SLE 31).

1.2 Gebrauch des Futur II: ähnlich wie im Deutschen

Im Deutschen könnte die Form *habré salido* ungefähr mit «ich werde abgereist sein» wiedergegeben werden. Was drückt ein solches Futur II eigentlich aus?

Morgen früh um 10 **werde** ich bereits **abgereist sein**.
(Ich habe nämlich die Absicht, um 9 Uhr zu fahren.)

Hier hat jemand vor, am nächsten Tag um 9 abzureisen. Sein Aufbruch liegt also in der Zukunft («morgen»). Zu der genannten Zeit, um 10 Uhr, ist dieser Aufbruch aber schon Vergangenheit – eine Art Vergangenheit innerhalb der Zukunft: Denn beides, sowohl die Abfahrt um 9 als auch der Zeitpunkt 10 Uhr, fallen ja auf den nächsten Tag, wobei die tatsächliche Abfahrt aber vor dem genannten Zeitpunkt liegt.

Futur II drückt also – im Deutschen wie im Spanischen – eine Handlung oder einen Vorgang aus, die in der Zukunft bereits abgeschlossen sind (hier die Abreise) –, oft bevor eine weitere Handlung eintritt (die dann natürlich im Futur I steht). Im Deutschen wird allerdings anstelle des Futur II oft ein Perfekt gesetzt.

Morgen um 10 bin ich schon abgereist.

Hier der entsprechende spanische Satz:

*Mañana a las diez ya **habré salido**.*
Morgen um 10 **werde ich** bereits **abgereist sein / bin ich** bereits **abgereist**.

Darüber hinaus hat das Futur II noch einige weitere Funktionen, von denen wir Ihnen eine nennen möchten.

Dass Sie mit Hilfe eines Futur I – genau wie im Deutschen – Vermutungen ausdrücken können («Kristina wird wohl in der Uni sein»), wissen Sie bestimmt noch. Dieselbe Funktion hat auch das Futur II – allerdings für die Vergangenheit:

¿Dónde está Kristina? – No lo sé. ***Habrá salido.***
Wo ist Kristina? – Ich weiß es nicht. Sie **wird** (wohl) **ausgegangen sein.**

Wieder folgt auf die Frage nach dem Aufenthaltsort Kristinas eine Vermutung. Sie bezieht sich diesmal aber auf ein vergangenes Geschehnis: Kristina hat vermutlich das Haus verlassen und ist in die Stadt gegangen. Daher steht diese Vermutung nicht im Futur I, sondern im Futur II.

2. Konditional II

2.1 Die Formen: Hilfsverb im Konditional I

Wir spielen weiter mit dem großen, bunten Baukasten «spanische Sprache» und setzen das Hilfsverb *haber* diesmal ins Konditional I. Dabei heraus kommt ein Konditional II:

Person:	**Hilfsverb *haber* im Konditional I**	**Partizip** (hier von *estar*)
(yo)	***habría***	*estado*
(tú)	***habrías***	*estado*
(él/ella/Vd.)	***habría***	*estado*
(nosotros/-as)	***habríamos***	*estado*
(vosotros/-as)	***habríais***	*estado*
(ellos/ellas/Vds.)	***habrían***	*estado*

Man hängt dabei – wie Sie wissen – an den Futur-Stamm von *haber (habr-)* lediglich andere Endungen. Es folgt – wie immer – das Partizip des gewünschten Verbs (hier *estar*).

2.2 Gebrauch des Konditionals II: starke Parallelen zum Deutschen

Die Form *habría ayudado* könnte mit «ich hätte geholfen» wiedergegeben werden. Das spanische Konditional II entspricht also oft einem deutschen Konjunktiv Plusquamperfekt.

Mit ihm ausdrücken können Sie Handlungen, die sich nicht verwirklichen ließen oder nicht verwirklicht wurden und deswegen irrealen Charakter haben:

Habría ayudado *a Kristina, pero no tuve tiempo.*
Ich hätte Kristina (gerne) **geholfen**, fand aber keine Zeit dazu.

Die bewusste Hilfe hat nie stattgefunden, da ja die notwendige Zeit fehlte. Außerdem ist das ganze längst Vergangenheit – daher steht Konditional II.

Im Grunde ist das Konditional II meistens die Vergangenheitsform zum Konditional I (weswegen man es im Spanischen als *condicional perfecto* bezeichnet). Erinnern Sie sich noch an den Kommentar der «besten Freundin» beim Kleiderkauf?

Konditional I:	*Yo no* ***compraría*** *este vestido.* Ich (an deiner Stelle) **würde** dieses Kleid **nicht kaufen.**
Konditional II:	*Yo no* ***habría comprado*** *este vestido.* Ich (an deiner Stelle) **hätte** dieses Kleid **nicht gekauft.**

In beiden Fällen ist nur von einer möglichen, nicht einer tatsächlichen Handlung die Rede, da die Sprecherin ja in Wirklichkeit gar kein Kleid kauft. Sie liefert lediglich einen Kommentar zum Kleiderkauf ihrer Freundin, stellt also fest, was sie anstelle der angesprochenen Person tun würde (Gegenwart: Konditional I) beziehungsweise getan hätte (Vergangenheit: Konditional II).

Jetzt ahnen Sie vermutlich, welche häufige Funktion das Konditional II im Spanischen noch hat: Man braucht es, um irreale Bedingungen in der Vergangenheit auszudrücken (etwa: «Wenn ich gestern nicht krank gewesen wäre, wäre ich vorbeigekommen»). Da für den eigentlichen Bedingungssatz («Wenn ...») eine Zeitform benötigt wird, die Sie noch nicht kennen, müssen wir später (in SLE 47) noch einmal darauf zurückkommen.

Übung

Setzen Sie die folgenden Präsens-Formen bitte ins *Compuesto,* ins Futur II und ins Konditional II:

Präsens:	***Compuesto:***	**Futur II:**	**Konditional II:**
viaja	___________	______________	_______________
soy	___________	______________	_______________
pongo	___________	______________	_______________
vemos	___________	______________	_______________
dicen	___________	______________	_______________
abrís	___________	______________	_______________
vas	___________	______________	_______________
volvemos	___________	______________	_______________
ves	___________	______________	_______________

■ SLE 37: 1. *Imperfecto* 2. *Imperfecto* und *Indefinido* 3. *Imperfecto* und *Gerundio* 4. Plusquamperfekt

Was Sie schon kennen: *Compuesto* und *Indefinido*

Von den drei Zeiten der einfachen Vergangenheit (die leider ziemlich anders funktionieren als im Deutschen) haben Sie inzwischen zwei kennen gelernt: das *Compuesto* (in SLE 16, Band I) und das *Indefinido* (SLE 35).

Da wir uns an dieser Stelle in erster Linie mit dem Gebrauch der Vergangenheitszeiten beschäftigen wollen, gehen wir nicht noch einmal auf die Formen des *Compuesto* und des *Indefinido* ein.

Ein *Compuesto* kommt immer dann in Frage, wenn zwischen Vergangenheit und Gegenwart irgendein Bezug feststellbar ist, wie bei diesem Zocker:

> *Yo* ***he tenido*** *suerte en el juego.* ***He ganado*** *dos veces. Tengo 10.000 €.*
> Ich hatte Glück im Spiel. Ich habe zweimal gewonnen. Ich habe (jetzt) 10.000 €.

Er hat sein Glück versucht und prompt gewonnen – folglich ist er jetzt um diverse Euro reicher.

Gelten ein Geschehen oder eine Handlung hingegen als abgeschlossen, muss *Indefinido* stehen:

> *En esto* ***descubrieron*** *treinta o cuarenta molinos de viento que hay en aquel campo, y así como don Quijote los* ***vio, dijo*** *a su escudero: ...*
> Unterdessen **entdeckten** sie dreißig oder vierzig Windmühlen, welche auf diesem Feld stehen, und sobald Don Quijote sie **erblickte** (sah), **sprach** er zu seinem Knappen: ...

Das ist zum Beispiel meistens der Fall, wenn eine Geschichte oder ein Roman erzählt wird - wie hier der Anfang des berühmten «Windmühlen-Abenteuers» aus dem *Don Quijote* von Miguel de Cervantes.

Darüber hinaus gibt es noch eine dritte Möglichkeit: Etwas wird beschrieben («Die Straße war heiß und staubig, denn die Sonne stand hoch am Himmel ...»). In diesem Fall (und einigen weiteren) steht *Imperfecto.*

1. *Imperfecto*

1.1 Die Formen des *Imperfecto*: bekannte Endungen

Das *Imperfecto* ist eine vergleichsweise regelmäßige Zeit. Es wird – wie das *Indefinido* – durch Anhängen einer Endung an den Verbstamm gebildet:

Person	Verben auf *-ar* (z.B. *viaj-ar)*	Verben auf *-er* (z.B. *com-er)*	Verben auf *-ir* (z.B. *viv-ir*)
(yo)	*viaj**aba***	*com**ía***	*viv**ía***
(tú)	*viaj**abas***	*com**ías***	*viv**ías***
(él/ella/Vd.)	*viaj**aba***	*com**ía***	*viv**ía***
(nosotros/-as)	*viaj**ábamos***	*com**íamos***	*viv**íamos***
(vosotros/-as)	*viaj**abais***	*com**íais***	*viv**íais***
(ellos/ellas/Vds).	*viaj**aban***	*com**ían***	*viv**ían***

Wenn Ihnen diese Endungen zum Teil bekannt vorkommen, ist das kein Wunder: Die *Imperfecto*-Endungen der Verben auf *-er* und *-ir* dienen gleichzeitig als Konditional-Endungen. Nur der Verbstamm variiert: Beim Konditional entspricht er (in den regelmäßigen Formen) dem kompletten Infinitiv einschließlich (Infinitiv-) Endung, beim *Imperfecto* fällt diese Endung fort:

Konditional von *comer*	*Imperfecto* von *comer*
***comer**-ía ...*	***com**-ía ...*

Das *Imperfecto* ist also in der Regel um eine Silbe kürzer als das entsprechende Konditional.

Die Betonung liegt bei allen Formen des *Imperfecto* auf dem ersten Vokal der Endung (bei *viajar* unterstrichen), bei den Verben auf *-er* und *-ir* deutlich markiert durch den Akzent. Wie in vielen anderen Fällen haben diese beiden Gruppen auch im *Imperfecto* dieselben Endungen.

Da die Formen des *Imperfecto* endungsbetont sind, taucht bei den Verben mit Lautveränderung nur der Vokal des Infinitivs auf: *p**e**nsar→p**ie**nso*, aber *p**e**nsaba* oder *pedir → p**i**do, aber p**e**día ...*

Unregelmäßig sind im *Imperfecto* nur drei Verben, nämlich ***ir***, ***ser*** und ***ver*** (wobei der unterstrichene Vokal betont wird):

Person	*Imperfecto* von *ir*	*ser:*	*ver:*
(yo)	***iba***	***era***	*veía*
(tú)	***ibas***	***eras***	*veías*
(él/ella/Vd.)	***iba***	***era***	*veía*
(nosotros/-as)	***íbamos***	***éramos***	*veíamos*
(vosotros/-as)	***ibais***	***erais***	*veíais*
(ellos/ellas/Vds.)	***iban***	***eran***	*veían*

Bei *ir* und *ser* liegt die Betonung durchgehend auf der ersten Silbe, bei *ver* – ganz regelmäßig – auf dem ersten *i* der Endung. Hier ist eigentlich nur das eingeschobene *e* unregelmäßig.

1.2 Gebrauch des *Imperfecto:* nicht nur für Beschreibungen

Um Ihnen einen ersten Eindruck zu vermitteln, legen wir Ihnen diesen kurzen Text, Kategorie «Mein schönstes Ferienerlebnis», vor:

> ***Era*** *verano.* — Es war Sommer.
> ***Iba*** *todos los días a la playa.* — Ich ging jeden Tag an den Strand.
> *Pero aquel día* ***decidí*** *hacer algo diferente.*
> Aber an jenem Tag beschloss ich, etwas anderes zu tun.

In den beiden ersten Sätzen steht *Imperfecto*. Hier wird nämlich beschrieben («Es war Sommer») oder berichtet, was regelmäßig geschah («Ich ging jeden Tag an den Strand»). Dann passiert etwas Außergewöhnliches, bisher nicht da Gewesenes: Der Sprecher beschließt, aus seinem gewohnten Trott auszubrechen. Diese Handlung ist also einmalig, Auswirkungen auf die Gegenwart sind nicht zu erkennen (die Ferien sind längst zu Ende) – deswegen steht im dritten Satz *Indefinido*.

Ein *Imperfecto* setzen Sie also, wenn etwas (in der einfachen Vergangenheit) **beschrieben** werden soll:

> *Cuando yo* ***tenía*** *12 años, nuestra ciudad* ***era*** *mucho más pequeña.*
> *Mi padre* ***trabajaba*** *en un bar.*
> Als ich 12 Jahre alt **war, war** unsere Stadt sehr viel kleiner.
> Mein Vater **arbeitete** in einer Kneipe.

In allen drei Sätzen wird beschrieben, werden **Zustände** ausgedrückt. Jedes Mal könnte ich fragen: «Wie **war** es damals?» oder «Was **war** damals?» Folglich steht *Imperfecto*.

Weitergehen könnte die kleine Erzählung so:

> ***Todos los domingos íbamos*** *al campo.* — **Jeden Sonntag fuhren** wir aufs Land.

Dieser Sonntagsausflug wiederholt sich in regelmäßigen Abständen (eben jede Woche). Hier steht also die **ständige Wiederholung**, die **Gewohnheit**, im Vordergrund, nicht so sehr die eigentliche Handlung. Deswegen wird ebenfalls *Imperfecto* gesetzt. Typische Ausdrücke mit *Imperfecto* im Gefolge sind logischerweise *a menudo* («oft»), *normalmente* («normalerweise») oder *todos los días, todos los domingos* («jeden Tag/Sonntag») u. Ä.

Außerdem steht *Imperfecto* für **laufende Handlungen** oder (oft im Hintergrund) ablaufende Ereignisse. So könnte es in unserer Geschichte weiter heißen:

> *Entonces* ***gobernaba*** *Franco.*
> Damals (als das alles war oder geschah) regierte Franco.

Die politische Situation bildet den Hintergrund für alle möglichen Geschehnisse, die gewissermaßen vor dieser «Kulisse» ablaufen.

2. *Imperfecto* und *Indefinido*

Immer wieder kommt es daher vor, dass ein **neu einsetzendes Ereignis** auf einen schon bestehenden Zustand oder eine bereits laufende Handlung trifft:

Kristina ***no estaba*** *en casa* ***cuando llegaron*** *sus amigos.*
Kristina war nicht zu Hause, als ihre Freunde (an-)kamen.

Zweifellos war Kristina schon eine ganze Zeit unterwegs, bevor ihre Freunde an die Tür klopften. Der schon bestehende Zustand (nicht im Hause sein) steht daher im *Imperfecto*, die darauf treffende Handlung (Freunde kommen) im *Indefinido*. Ähnlich das folgende Beispiel:

Ana ***trabajaba*** *en el jardín* ***cuando llamó*** *Kristina.*
Ana arbeitete (bereits eine ganze Zeit) im Garten, als Kristina anrief.

Die erste Handlung dauert bereits eine ganze Zeit an (Ana ist vielleicht schon den halben Tag draußen), als die zweite Handlung (Kristina ruft an) einsetzt. Entsprechend steht die bereits laufende Handlung im *Imperfecto,* die neu einsetzende im *Indefinido.* Sie können diese Zeiten übrigens – wenn Sie sich nicht sicher sind – erfragen: «Was **war** bereits?» (Kristina war nicht zu Hause / Ana arbeitete im Garten) deutet auf ein *Imperfecto* hin. «Was **geschah dann** (neu)?» (Freunde kommen / Kristina ist am Telefon) bedeutet, dass ein *Indefinido* stehen muss.

3. *Imperfecto* und *Gerundio*

Das *Gerundio* haben Sie in SLE 28 (Band I) kennen gelernt. Sehr oft steht es mit *estar* zusammen und drückt dann aus, dass man gerade dabei ist, etwas zu tun:

Kristina ***está leyendo*** *un libro.*
Kristina liest gerade ein Buch / ist dabei, ein Buch zu lesen.

Wird das *Gerundio* nun zusammen mit einem Verb im *Imperfecto* gebraucht, dann drückt es dasselbe für die (einfache) Vergangenheit aus:

Kristina ***estaba leyendo*** *un libro.* — Kristina **war** dabei, ein Buch zu lesen.

Das gilt auch für alle anderen Verben und Satzkonstruktionen mit *Gerundio.*

4. Das Plusquamperfekt: Nr. 3 aus dem Baukasten

Das Plusquamperfekt ist die dritte zusammengesetzte Zeit, die Sie jetzt wie aus einem Baukasten zusammensetzen können. Sie nehmen das Hilfsverb *haber*, setzen es diesmal ins *Imperfecto* (die Formen sind regelmäßig) und stellen das gewünschte Partizip dahinter – und schon haben Sie eine Vorvergangenheit, ein Plusquamperfekt:

Person:	Hilfsverb *haber* im *Imperfecto*:	Partizip (hier von *estar*)
(yo)	***había***	*estado*
(tú)	***habías***	*estado*
(él/ella/Vd.)	***había***	*estado*
(nosotros/-as)	***habíamos***	*estado*
(vosotros/-as)	***habíais***	*estado*
(ellos/ellas/Vds.)	***habían***	*estado*

Wozu diese Zeitform gut ist? Der Begriff «Vorvergangenheit» weist darauf hin. Mit Hilfe eines Plusquamperfekts können Sie – genau wie im Deutschen – Ereignisse ausdrücken, die vor einem bestimmten Zeitpunkt in der Vergangeheit liegen:

Cuando los amigos ***llegaron****, Kristina ya* ***había salido.***
Als die Freunde **kamen**, **war** Kristina schon **ausgegangen**.

Die Freunde kommen zu irgendeinem Zeitpunkt in der Vergangenheit bei Kristina vorbei, aber sie ist schon vorher aus dem Haus gegangen. Diese Vorzeitigkeit (innerhalb der Vergangenheit) drückt das Plusquamperfekt aus.

Übungen

1. Setzen Sie die folgenden Präsensformen bitte ins *Imperfecto*:

1. escucho ______________________
2. habla ______________________
3. tenemos ______________________
4. preguntáis ______________________
5. compran ______________________
6. voy ______________________
7. somos ______________________
8. pagas ______________________
9. sienten ______________________
10. tomas ______________________
11. puede ______________________
12. se quedan ______________________
13. estoy ______________________
14. dan ______________________
15. ven ______________________
16. reciben ______________________
17. llegamos ______________________
18. preparan ______________________

2. *La vida de Miguel de Cervantes Saavedra*

(nacer) ___________ Cervantes en Alcalá de Henares y (ser) ___________ bautizado[1] *el día 9 de octubre de 1547. Su padre, Rodrigo de Cervantes, (ser) ___________ cirujano*[2]*; su madre (llamarse) ___________ doña Leonor de Cortinas. Su abuelo paterno, el licenciado*[3] *Juan de Cervantes, (ejercer*[4]*) ___________ de abogado en Andalucía. Cuando Miguel (tener) ___________ unos cinco años, (trasladarse*[5]*) ___________ la familia de Alacalá a Valladolid; (pasar) ___________ luego a Madrid y de aquí a Sevilla, donde el futuro novelista (estudiar)_________ probablemente*[6] *con los jesuítas. En fecha no bien determinada*[7] *(pasar) ___________ a Italia y por los años de 1570 (alistarse*[8]*) ___________ como soldado en la compañía de Diego de Urbina. En la galera Marquesa (asistir) ___________ a la memorable batalla de Lepanto. Al regresar*[9] *en 1575 a España, la galera Sol, que le (conducir) ___________, fue apresada*[10] *cerca de Marsella*[11]*, y Cervantes (pasar) ___________ a Argel*[12] *como cautivo*[13]*. Después de varios frustrados intentos de fuga*[14]*, (ser) ___________ rescatado*[15] *en 1580. (permanecer*[16]*) ___________ algún tiempo en Portugal y, vuelto a Madrid, (casar) ___________ en 1584 con doña Catalina Salazar y Palacios. Buscando medios de vida, fue primeramente comisario*[17] *de flotas*[18] *en Sevilla, después recaudador*[19] *en el reino de Granada, y ambos cargos*[20] *le (dar) ___________ disgustos*[21]*: en 1592 (estar) ___________ preso*[22] *en la cárcel*[23] *de Castro del Río; en 1597 y en 1602, en la de Sevilla. Acaso*[24] *en esta última prisión se (engendrar*[25]*) ___________ el gran libro de Cervantes, el Quijote. (pasar) ___________ en 1603 o 1604 a Valladolid, donde (sufrir) ___________ un nuevo contratiempo*[26]*. (regresar) ___________ luego a Madrid, donde murió*[27] *el 23 de abril de 1616.*

nach: Narcisco Alonso Cortés, Historia de la literatura española.

[1]getauft	[8]anwerben	[15]loskaufen	[22]gefangen
[2]Chirurg	[9]Bei der Rückkehr	[16]bleiben	[23]Gefängnis
[3]Lizenziat	[10]erbeuten	[17]Kommissar	[24]vielleicht
[4]praktizieren	[11]Marseille	[18]Flotte	[25]erzeugen
[5]s. begeben	[12]Algier	[19]Steuereinnehmer	[26]Schwierigkeit
[6]wahrscheinlich	[13]Gefangener	[20]beide Ämter	[27]er starb
[7]feststehend	[14]Flucht	[21]Ärgernisse	

■ SLE 38: 1. Nebensätze
2. Bedingungssätze (Grundlagen)

1. Nebensätze

Was Sie (bestimmt) schon kennen: Konjunktionen

Wenn von Nebensätzen die Rede sein soll, müssen wir zunächst ein paar Worte zum Thema «Konjunktionen» verlieren.

Konjunktionen sind so etwas wie «Verbindungselemente», mit denen ich Satzteile oder Sätze (übrigens auch Hauptsätze) aneinander fügen kann. Die häufigsten kennen Sie längst: *y*, *o* oder *pero* («aber»). Aus *y* wird übrigens *e*, wenn das nachfolgende Wort mit *i* oder *hi* beginnt:

Kristina habla español ***e inglés****.* — Kristina spricht spanisch und englisch.

Ebenso verwandelt sich *o* in *u*, wenn die Konjunktion vor einem Wort steht, das mit *o* oder *ho* beginnt:

Es el cumpleaños de Kristina. Ha invitado a siete ***u o****cho personas.*
Kristina hat Geburtstag. Sie hat sieben oder acht Personen eingeladen.

Vor allem Nebensätze werden mit einer Konjunktion eingeleitet:

Weil es zu regnen begann, ging Kristina schnell nach Hause.

Der Nebensatz liefert hier den Grund (es regnet) für das Verhalten im Hauptsatz (Rückkehr unter ein schützendes Dach). Andere Konjunktionen stellen einen Zeitbezug her, drücken einen Gegensatz aus, weisen auf Ziel oder Zweck einer Handlung hin oder leiten eine Bedingung ein.

1.1 Zeitverhältnisse (Temporalsätze)

Viele Nebensätze drücken ein Zeitverhältnis aus:

Mientras *Kristina se levanta, Ana prepara el desayuno.*
Während Kristina aufsteht, macht Ana das Frühstück.

Die Konjunktion *mientras* dient also zum Ausdruck einer Gleichzeitigkeit.

Cuando *Kristina tiene tiempo, le gusta ir al teatro.*
Wenn Kristina Zeit hat, geht sie gern ins Theater.

Cuando *Kristina volvió, todos los amigos estaban en la estación.*
Als Kristina zurückkam, waren alle Freunde am Bahnhof.

Auch mit *cuando* stelle ich eine zeitliche Beziehung zwischen zwei Handlungen her. Dabei kann es sich – wie im ersten Beispiel – um eine regelmäßig wiederholte oder um eine einmalige Handlung handeln (zweites Beispiel). Im ersten Fall wird *cuando* mit «(immer) wenn» wiedergegeben, im zweiten mit «als».

Es gibt darüber hinaus noch eine Reihe weiterer Konjunktionen der Zeit, die Sie nach und nach kennen lernen werden. Allen ist eines gemeinsam: Wenn sie sich auf zukünftige Ereignisse beziehen, steht *Subjuntivo* (vgl. SLE 27, Band I):

Voy a visitarte ***cuando tenga*** *tiempo.*
Ich werde dich besuchen, wenn ich Zeit habe.

Wann die notwendige Zeit vorhanden sein wird, ist hier noch ungewiss, da der Besuch in der Zukunft liegt. Dementsprechend steht in dem Nebensatz nach *cuando* eine Form des *Subjuntivo (tenga).*

1.2 Begründungen (Kausalsätze)

Zum Ausdruck eines Grundes können Sie *porque* oder *como* verwenden:

No puedo comprar este coche ***porque*** *no tengo bastante dinero.*
Ich kann diesen Wagen nicht kaufen, **weil** ich nicht genügend Geld habe.

Como *no tengo bastante dinero, no puedo comprar este coche.*
Weil ich nicht genügend Geld habe, kann ich diesen Wagen nicht kaufen.

Wenn die Aussage mit dem Hauptsatz beginnt (erstes Beispiel), steht *porque*. Steht die eigentliche Begründung (also der Kausalsatz) am Anfang und der Hauptsatz am Schluss, wird *como* gesetzt. Die Übersetzung lautet in beiden Fällen «da», «weil».

1.3 Gegensätze (Adversativsätze)

Einen Gegensatz zwischen Haupt- und Nebensatz können Sie durch *mientras que* ausdrücken:

Yo trabajo mucho, ***mientras que*** *tú no haces nada.*
Ich arbeite viel, während/wohingegen du nichts tust.

Dieses «während» drückt ganz offensichtlich keine zeitliche Parallelität, sondern einen Gegensatz aus: Einer schuftet, der andere liegt auf der Bärenhaut. Während *mientras* nur die zeitliche Parallelität ausdrückt, bezeichnet *mientras que* den Gegensatz zwischen beiden Tätigkeiten.

Auch hinter *mientras que* steht übrigens *Subjuntivo*, wenn es um zukünftige, also ungewisse Ereignisse geht.

Darüber hinaus können Sie Gegensätze auch mit *pero* oder *sin embargo* («trotzdem», «hingegen») ausdrücken.

1.4 Folgen (Konsekutivsätze)

Oft drückt ein Nebensatz auch die Konsequenz des im Hauptsatz Gesagten aus:

He dicho todo ***de manera que*** *no hay nada que añadir.*
Ich habe alles gesagt, **sodass** es nichts mehr hinzuzufügen gibt.

Die logische Konsequenz der Tatsache, dass bereits alles gesagt wurde, ist, dass es nichts mehr hinzuzufügen gibt. Eine der hierfür möglichen Konjunktionen ist *de manera que.* Auch hinter dieser Konjunktion steht *Subjuntivo*, wenn es um Zukünftiges geht.

1.5 Zugeständnisse (Konzessivsätze)

Mit *aunque* können Sie Ihrem Gesprächspartner gegenüber Konzessionen machen:

Vendré mañana ***aunque*** *en realidad no tengo tiempo.*
Ich werde morgen kommen, **obwohl** ich eigentlich keine Zeit habe.

In diesem Beispiel erklärt sich jemand bereit zu kommen, obwohl ihm oder ihr der Termin überhaupt nicht passt, er macht also ein Zugeständnis an die Wünsche seines Gegenübers.

1.6 Weitere Konjunktionen: oft mit *Subjuntivo*

Hinter vielen Konjunktionen steht – wie Sie gesehen haben – oft oder meistens *Subjuntivo.* Wir müssen also (in den SLEs 43 und 44) noch einmal auf dieses Thema zurückkommen.

2. Bedingungen (Konditionalsätze)

Was Sie bestimmt schon kennen: den Unterschied zwischen einem Zeitverhältnis und einer Bedingung.

Wenn Motivatzki, Kristinas Kumpel aus dem Kohlenpott, zum Arzt geht, muss er sich immer wieder dieselbe Predigt anhören: «Also, Ihre Lunge sieht aus wie die Kohlenflöze von Duisburg-Ruhrort», sagt dann der Weißkittel (und nuckelt an seiner Brasil). «Wenn Sie nicht bald mit dem Rauchen aufhören, kriegen Sie noch mal gewaltigen Ärger!» Dabei bläst er dicke Qualmwolken in die Richtung seines Gegenübers, worauf Motivatzki erst recht zu husten anfängt.

Wir klinken uns aus dieser herzerfrischenden Diskussion aus und beschäftigen uns mit ihrem Kernsatz:

Wenn Sie nicht bald mit dem Rauchen **aufhören** ...

A ... **kriegen Sie** gewaltigen **Ärger**.

B

Ein typischer Bedingungssatz, denn B hängt unmittelbar von A ab. Für den Sprecher (den Arzt) gibt es nämlich zwei Möglichkeiten:

1. Motivatzki befolgt seinen Rat und stellt die Qualmerei ein. Die Folge: Sein Gesundheitszustand bessert sich.
2. Motivatzki befolgt seinen Rat nicht. Folglich geht es mit ihm gesundheitlich weiter bergab.

Ob die unter B gemachte Aussage («Sie kriegen noch mal gewaltigen Ärger») wirklich eintrifft, hängt unmittelbar von der in A geäußerten Bedingung ab, also von Motivatzkis Verhalten: Er stellt das Rauchen ein oder nicht.

Der erste Satz unserer kleinen Szene

Wenn Motivatzki zum Arzt geht, muss er sich immer wieder dieselbe Predigt anhören.

beginnt zwar auch mit «wenn», ist aber kein Bedingungssatz. Hier geht es nämlich weniger um eine Abhängigkeit als um ein Zeitverhältnis, eine zeitliche Parallelität: Motivatzkis Besuch gibt dem Arzt die Gelegenheit, seinem Patienten ins Gewissen zu reden, beides läuft also parallel ab.

2.1 Die Grundformen der Bedingung: real und irreal

◆ **Reale Bedingungen:**

In unserem ersten Beispiel («Wenn Sie nicht mit dem Rauchen aufhören ...») ist, wie so oft im Leben, das Ende ungewiss: Kein Mensch weiß, ob Motivatzki seine Qualmerei einstellen oder weiterhin Sklave seines Lasters bleiben wird. Folglich weiß auch keiner, ob die in B angekündigte Folge («Sie kriegen Ärger») eintreten wird oder nicht: Damit handelt es sich um eine reale Bedingung – das Ende ist gewissermaßen offen.

◆ **Irreale Bedingungen:**

Nehmen wir einmal an, Motivatzki geht in sich und gibt das Rauchen wirklich auf. Unser dicke Zigarren rauchender Dr. Eisenbart untersucht ihn erneut und sagt: «Gut, dass Sie mit dem Rauchen aufgehört haben».

«Wenn Sie immer noch **rauchen würden**, **ginge** es Ihnen schlecht!»

Er äußerst sich damit zu etwas, das nicht wirklich, nicht real ist, denn Motivatzki hat ja längst mit dem Rauchen aufgehört. Mit anderen Worten: Dr. Eisenbarts Äußerung hat irrrealen Charakter. Und da sie sich auf die Gegenwart bezieht (Wenn Motivatzki jetzt noch rauchen würde, ginge es ihm momentan schlecht), drückt der ganze Satz eine **irreale Bedingung der Gegenwart** aus. Etwa so, wie wenn jemand sagt: «Wenn ich Kaiser von China wäre, würde ich keinen Finger mehr krumm machen.» Alles schön und gut – der Betreffende ist aber nun einmal nicht der Kaiser von China.

Nehmen wir weiter an, zwei Jahre sind ins Land gegangen, und Motivatzki ist nun fit wie Ilja Rogoff, der Mann mit den Knoblauchpillen, denn er hat weiterhin keine weißen Stäbchen angerührt. Dr. Eisenbarts Kommentar lautet jetzt:

«Wenn Sie damals nicht mit dem Rauchen **aufgehört hätten**,
hätten Sie jede Menge Ärger **bekommen!**»

Auch diese Äußerung ist irreal, denn Motivatzki raucht nicht mehr, bezieht sich aber auf die Vergangenheit. Es handelt sich also um eine **irreale Bedingung der Vergangenheit**. Etwa nach dem Muster: «Wenn ich letztes Jahr im Lotto gewonnen hätte, hätte ich sofort eine Weltreise gemacht.» Nur habe ich aber leider nicht im Lotto gewonnen, folglich war auch nichts mit der Weltreise.

Oft werden die beiden irrealen Formen auch miteinander kombiniert. Dann liegt der eine Teil der irrealen Bedingung in der Vergangenheit, der andere in der Gegenwart. So könnte der Arzt bei Motivatzkis letztem Besuch auch sagen:

«Wenn Sie **damals** nicht **aufgehört hätten**, **ginge** es Ihnen **heute** dreckig!»

Auch diese Bedingung ist eindeutig irreal, denn Fakt ist nach wie vor, dass Motivatzki nicht mehr raucht. Der Arzt stellt lediglich fest, dass sein damaliges Weiterrauchen zu einer jetzigen Verschlechterung seines Gesundheitszustandes geführt hatte, wenn es denn wirklich stattgefunden hätte. Auch dazu ein Beispiel aus dem täglichen Leben: Wenn ich gestern nicht so viel getrunken hätte (Vergangenheit, und ich war unsolide), dann hätte ich jetzt nicht diesen Brummschädel (den ich nun einmal habe).

2.3 Reale Bedingungssätze im Spanischen

Wir beschäftigen uns diesmal nur mit den realen Bedingungen, da Ihnen zum Ausdruck irrealer Bedingungen noch einige Zeitformen fehlen.

Reale Bedingungen im Spanischen sind im Grunde kein Thema – es stehen nämlich im Prinzip dieselben Zeiten wie im Deutschen. Die entsprechende **Konjunktion** lautet ***si***. So würde Motivatzkis Arzt auf Spanisch sagen:

Si *no* ***deja*** *de fumar,* ***se pondrá mal****.*
Wenn Sie nicht aufhören zu rauchen, werden Sie krank (werden).

Sie müssen lediglich daran denken, im Hauptsatz zukünftiges auch wirklich mit Futur auszudrücken. Der geschockte Motivatzki könnte daraufhin denken:

Si *lo* ***ha dicho, es*** *probablemente verdad.*
Wenn er das gesagt hat, stimmt es wahrscheinlich.

Hier steht im Nebensatz ein *Compuesto,* im Hauptsatz ein Präsens. Und noch ein Beispiel aus dem wirklichen Leben:

Si *Paco no* ***viene, iremos*** *de copas sin él.*
Wenn Paco nicht kommt, gehen wir ohne ihn einen trinken.

Hier wieder die «klassische» Aufteilung: Im Nebensatz – nach *si* – Präsens, im Hauptsatz Futur, da es um zukünftige Aktivitäten geht (man hat ja erst die Absicht, in die Kneipe zu ziehen).

Übungen

1. Geben Sie die folgenden Sätze bitte in Spanisch wieder

1. Wenn ich nach Granada fahre, besichtige ich [diesmal] die Alhambra.

   ____

2. Wenn ich in Granada bin, schlendere ich [immer] durch (*pasear por*) die Straßen.

   ____

3. Wenn ich nicht viel Zeit habe, gehe ich [gewöhnlich] nur (*sólo*) zur Kathedrale.

   ____

4. Ich werde telefonieren, während Harry den Wagen holt (*coger*).

   ____

5. Weil der Wagen nicht läuft (*funcionar)*, können wir den Mörder (*el asesino*) nicht verhaften (*detener)*.

   ____

2. Fügen Sie die nachfolgenden Bruchstücke bitte zu vollständigen Bedingungssätzen zusammen

Beispiel: *Antonio — no llegar a tiempo — (nosotros) salir sin él*
Si Antonio no ***llega*** *a tiempo,* **saldremos** *sin él.*

1. *no le gusta beber cerveza — poder tomar un café*

____

2. *no querer ir al cine con nosotros — deber quedarse en casa y ver la tele*

____

3. *no querer tampoco ir de copas — poder leer un libro en casa*

____

4. *me haber equivocado — tener que disculparme*

____

5. *(yo) tener bastante tiempo — visitar Córdoba también*

____

6. *Tenemos un coche muy viejo: tener una avería — no llegar hoy*

____

7. *el mecánico no poder reparar el coche — perder un día más*

____

8. *el mecánico tener otra batería — continuar nuestro viaje*

____

9. *llegar un día más tarde — no poder visitar todos los monumentos*

____

■ SLE 39: **Adverbien**

Was Sie (bestimmt) schon kennen: den Unterschied zwischen einem Adjektiv und einem Adverb

Über spanische Adjektive haben Sie inzwischen (insbes. in SLE 29, Band I) eine Menge erfahren. Jetzt ist es an der Zeit, sich vor allem den abgeleiteten Adverbien zuzuwenden. Beide haben nämlich einiges miteinander zu tun und werden oft verwechselt. Die erste Frage lautet also: Was sind Adverbien? Und worin unterscheiden sie sich von den Adjektiven?

Begeben wir uns zur Erkundung dieser Wahrheit ins finsterste Teutonien:

Brunhilde hat eine **laute** Stimme.

Siegfried findet auch: Ihre Stimme ist **laut**.

Im Augenblick singt sie aber **leise**.

Das «laut» im ersten Satz ist zweifellos ein Adjektiv, denn es bezieht sich auf ein Substantiv. Der Beweis: Es wird **angeglichen** («...ein**e** laut**e** Stimme»). Auch das «laut» im zweiten Satz ist ein Adjektiv, nur wird es diesmal mit seinem Bezugswort durch eine Form von «sein» verbunden (prädikativer Gebrauch). Im Deutschen gleichen wir es daher nicht an – im Spanischen aber sehr wohl (Sie erinnern sich!).

Das «leise» im dritten Satz ist ein Adverb. Es bezieht sich nämlich nicht auf ein Substantiv oder eine Person, sondern auf ein Verb (daher der Name: Ad**verb)**. Nicht über Brunhilde oder ihre Stimme wird hier etwas ausgesagt, sondern einzig und allein über ihre Tätigkeit, das Singen. Ihr (grundsätzlich) lautes Organ lässt sie heute nur ganz sacht ertönen.

Fazit: Adjektive beziehen sich auf Substantive (einschließlich Personen). Adverbien beziehen sich (unter anderem) auf Verben, sagen dann etwas über eine Tätigkeit aus. Sie beziehen sich jedenfalls nicht auf Substantive:

Es un tren ***directo****. Va* ***directamente*** *a Madrid.*

Es ist ein direkter Zug. Er fährt direkt nach Madrid.

Links steht ein Adjektiv, bezogen auf den Zug. Rechts dagegen das entsprechende Adverb: Die Fahrweise des Zuges ist gewissermaßen eine direkte (was diesmal inhaltlich keinen allzu großen Unterschied macht).

1. Abgeleitete und ursprüngliche Adverbien

◆ Abgeleitete Adverbien: mit der Endung *-mente*

Unser Beispiel zeigt bereits deutlich, wie man im Spanischen ein Adverb von einem Adjektiv ableitet:

*Es un tren **directo**. Va direct**amente** a Madrid.*

Sie bilden die weibliche Form des Adjektivs und hängen die Endung *-mente* an:

*direct**o** → direct**a** → directa**mente***

Genau wie im Englischen (z.B. «seriously») oder Französischen («heureusement») kann man also Adverbien, die von einem Adjektiv abgeleitet sind, an ihrer Endung erkennen, eben *-mente*. Solche Adverbien, zu denen es ein «Gegenstück» als Adjektiv gibt, nennen wir «abgeleitete Adverbien».

Wenn die männliche und die weibliche Form eines Adjektivs gleich sind, wird das Adverb natürlich von dieser gemeinsamen Einzahl abgeleitet:

*normal → **normalmente***

Und wie immer keine Regel ohne Ausnahme – das Adverb zu ***bueno, buena*** heißt ***bien,*** das zu ***malo*** immer ***mal***:

*Kristina habla **bien** español, pero su hermano habla **mal**.*
Kristina spricht gut spanisch, aber ihr Bruder spricht schlecht.

Das Adverb zu *malo* entspricht also dem Adjektiv, wenn es vor einem maskulinen Substantiv steht. Die **Steigerung** sieht bei *bien* und *mal* genauso aus wie bei den Adjektiven: *mejor* beziehungsweise *peor.*

◆ Ursprüngliche Adverbien: ohne Gegenstück

Neben diesen «abgeleiteten Adverbien» gibt es auch solche, zu denen kein Adjektiv existiert. Davon kennen Sie bereits eine ganze Reihe: *muy* («sehr»), *ahora* («jetzt»), *aquí* («hier») ...

Viele dieser Adverbien bestehen aus einem einzigen Wort (wie die Beispiele oben), andere aus mehreren (z.B. *por aquí*, «hier in dieser Gegend»).

2. Gebrauch der Adverbien

◆ Kennzeichen: Unveränderlichkeit

Im Gegensatz zu Adjektiven sind Adverbien unveränderlich:

Juana trabaja ***despacio****. – Antonio trabaja* ***despacio****.*
Juana/Antonio arbeitet langsam.

Egal ob Juana oder Antonio – das Adverb (hier *despacio*) bleibt unverändert, es bezieht sich ja auf ihre Tätigkeit, das Arbeiten. Und Tätigkeiten haben nun einmal kein Geschlecht.

◆ Bezug: verschiedene Möglichkeiten

Oft beziehen sich Adverbien auf eine Tätigkeit, also auf ein **Verb**:

Kristina llegó ***temprano****.* — Kristina kam früh (zeitig) an.

Klarer Fall: Es handelt sich nicht um eine Aussage über Kristina, sondern über ihre Ankunft - diese allein ist frühzeitig.

Nicht selten beziehen sich Adverbien aber auch auf **Adjektive.** Sie wirken dann oft verstärkend oder abschwächend: «Das Buch ist sehr interessant. Das andere scheint mir weniger interessant.» Die Adverbien «sehr» oder «weniger» beziehen sich hier nicht auf das Buch, sondern auf seine Einschätzung – also auf das Adjektiv «interessant»:

Este libro es ***muy*** *interesante. El otro me parece* ***menos*** *interesante.*

Gelegentlich bezieht sich ein Adverb aber auch auf ein anderes **Adverb:**

Kristina llegó ***muy*** *temprano.* — Kristina kam sehr früh an.

Hier bezieht sich das erste Adverb *(muy)* auf das Zweite *(temprano).*

Zeit- oder Ortsadverbien werden übrigens durch *mismo* verstärkt:

Tengo que irme ahora ***mismo****.* — Ich muss jetzt sofort weg.

¿El hotel? Pero está aquí ***mismo****.*
Das Hotel? Aber ist doch genau an dieser Stelle (direkt hier).

Adverbien können sich auch auf einen ganzen Satz beziehen, wie die folgende Entschuldigung:

Desgraciadamente *no tenía tiempo de verte.*
Leider hatte ich keine Zeit, dich zu sehen.

Das Adverb *desgraciadamente* bezieht sich diesmal auf die Aussage des gesamten folgenden Satzes («Ich hatte keine Zeit, dich zu sehen»). Man spricht in diesem Fall von einem «Satzadverb».

◆ Stellung der Adverbien im Satz

Wo die Adverbien normalerweise im Satz stehen, ist Ihnen inzwischen bestimmt aufgefallen.

*Pedro trabaja **rápidamente**.*
*Antonio trabaja **muy** rápidamente.*
*Pilar es **bastante** inteligente.*
***Desgraciadamente** no tenía tiempo de verte.*

Adverbien, die sich auf ein Verb beziehen, stehen normalerweise hinter diesem Verb:

*Pedro **trabaja rápidamente**.*

Adverbien, die sich auf ein **Adjektiv** oder ein zweites **Adverb** beziehen, stehen dagegen in der Regel vor diesem Adjektiv oder Adverb:

*Antonio trabaja **muy** rápidamente.*
*Pilar es **bastante** inteligente.*

Satzadverbien können auch vor dem dazugehörigen Satz stehen:

***Desgraciadamente** no tenía tiempo de verte...*

Wenn Sie's noch genauer wissen wollen...

Abgeleitete Adverbien werden auch umschrieben, vielleicht weil man sie manchmal als etwas schwerfällig empfindet. Dies kann zum einen durch einen Ausdruck mit Präposition geschehen. Statt

*Ana sale **frecuentemente**.* — Ana geht oft aus.

heißt es dann zum Beispiel:

*Ana sale **con frecuencia**.*

Eine weitere Möglichkeit sind die Ausdrücke *de manera* ... oder *de forma* + Adjektiv:

*El guía ha explicado todo **de forma** muy **sencilla**.*
Der Reiseführer hat alles ganz einfach erklärt.

Aber Vorsicht: Das Adjektiv steht dann in der weiblichen Form (da die grammatischen Bezugswörter – *forma/manera* – ja weiblich sind!).

Im Übrigen wissen Sie, dass viele deutsche Adverbien im Spanischen mit einer Verbkonstruktion umschrieben werden (z. B. *Ana sigue leyendo*, «Ana liest weiter», vgl. z.B. SLE 28, Band I).

Übung

Adjektiv oder Adverb? Bauen Sie bitte die nebenstehenden Wörter in den Brief Carmens an Ana ein. Wenn es sich um ein Adjektiv handelt, müssen Sie ggf. angleichen. Wenn Sie ein Adverb einsetzen möchten, müssen Sie dieses unter Umständen von dem aufgeführten Adjektiv ableiten. Bringen Sie das jeweilige Wort bitte mit einem Pfeil an die richtige Stelle.

Beispiel: *Ana* *querido*

Querida Ana

Querida Ana,	
1. estoy en esta ciudad desde hace tres días.	*1. tan ____ / bonito ____*
2. Hace ... tiempo.	*2. bueno ____________*
3. Estoy aquí.	*3. bueno ____________*
4. Me levanto.	*4. normal ________ muy ________ temprano______*
5. Después de desayunar visito monumentos.	*5. intenso __________ mucho _______ / interesante ________*
6. Suelo almorzar en un restaurante donde la comida es buena.	*6. pequeño ______________ sincero _______________*
7. Esta semana está el menú del día barato.	*7. afortunado __________increíble _____*
8. En las calles hay muchos turistas vestidos.	*8. elegante _____________*
9. Cuando los habitantes duermen la siesta vuelvo al hotel, porque hace calor.	*9 tranquilo ______________ mucho ______________*
10. Al anochecer doy un paseo por las calles.	*10. iluminado ______________*
11. Me acuesto	*11. muy __________ / tarde ___________*
12. Así disfruto los días y además me parece que pasan	*12. agradable _________ muy ___________/ rápido __________*
13. No pienso nunca en mi regreso a la oficina.	*13. afortunado ______________*
14. Te saludo Carmen	*14. cordial______________*

■ SLE 40: 1. Indirekte Rede und indirekte Frage 2. Infinitivkonstruktionen anstelle von Nebensätzen

1. Indirekte Rede und indirekte Frage

Was Sie bestimmt schon kennen: das Prinzip

Dass es nicht nur eine direkte Rede und eine direkte Frage gibt, ist Ihnen sicherlich irgendwann bewusst geworden:

> 1. Juan fragt Kristina: «Bist du krank?»
> 2. Juan fragt Kristina, ob sie krank sei.
> 3. Kristina sagt: «Ich bin krank!»
> 4. Kristina sagt, sie sei krank / dass sie krank ist.

Die Sätze 1 und 3 enthalten eine direkte, die Beispiele 2 und 4 eine indirekte Frage beziehungsweise Rede. Im Deutschen muss in den indirekten Formen übrigens z. T. (eigentlich) Konjunktiv stehen (den allerdings kaum jemand richtig oder überhaupt setzt). Im Spanischen sieht der Zeitengebrauch völlig anders aus. Doch dazu später (in SLE 50) mehr.

Bei den Fragen müssen Sie bekanntlich zwischen **Entscheidungs-** und **Ergänzungsfragen** unterscheiden:

> Juan fragt Kristina: «Kommst du morgen?»
> Juan fragt Kristina: «**Wann** kommst du morgen?»

Entscheidungsfragen enthalten kein **Fragewort**, und die Antwort kann im Prinzip nur «ja» oder «nein» lauten. Ergänzungsfragen bauen gewissermaßen auf einem Fragewort auf (hier: «Wann ...?», das heißt, es geht um eine Zeitangabe). Die Antwort erfolgt in Form einer weitergehenden Information (z. B. «Ich komme um sechs!»), «ja» oder «nein» sind dafür ausgeschlossen.

1.1 Die indirekte Rede: mit der Konjunktion *que*

Hier die beiden ersten Beispielsätze auf Spanisch:

Kristina dice:	*Estoy enferma.*
Kristina dice ***que***	***está*** *enferma.*

Aus Gründen der Logik hat sich die Ich-Form der direkten Rede in eine dritte Person verwandelt. Zeit und Modus sind geblieben: kein Konjunktiv, sondern dasselbe Präsens wie in der direkten Rede. Hinzugekommen ist die Konjunktion *que* (die in diesem Fall meistens mit «dass» wiedergegeben werden kann).

Indirekte Reden werden also mit der **Konjunktion** *que* eingeleitet (die dürfen Sie keinesfalls weglassen!). Steht der Hauptsatz im Präsens *(Kristina dice)*, dann folgt im Nebensatz (der eigentlichen indirekten Rede) dieselbe Zeit wie in der direkten Rede, in diesem Fall also ebenfalls Präsens.

Enthält der Hauptsatz allerdings eine andere Zeit (z.B. *Indefinido*), kann sich die ganze Angelegenheit erheblich verkomplizieren (dazu mehr in SLE 50).

1.2 Die indirekte Frage: Entscheidungs- und Ergänzungsfrage

Auch bei der indirekten Frage müssen Sie natürlich zwischen Entscheidungs- und Ergänzungsfragen unterscheiden.

Juan pregunta (a Kristina):			*¿Estás*	*enferma?*
Juan pregunta	***si***	*Kristina*	*está*	*enferma.*

Indirekte Entscheidungsfragen werden mit der Konjunktion *si* (hier in der Bedeutung «ob») eingeleitet, alles weitere (z. B. Umwandlung in die dritte Person, Einfügung eines Subjekts – Kristina – aus Gründen der Verständlichkeit, falls nötig) diktiert die Logik.

Noch einfacher sind indirekte **Ergänzungsfragen** zu bilden:

Isabel pregunta (a Juan):	*¿Dónde*	*vives?*
Isabel pregunta	***dónde***	*vive Juan.*
Ana pregunta:	*¿Cómo*	*se llama esta señora?*
Ana pregunta	***cómo***	*se llama esta señora.*

Bei der indirekten Ergänzungsfrage wird das Fragewort zur Konjunktion «umfunktioniert». Alles andere wie gehabt.

Auch für indirekte Fragen gilt allerdings: Steht der Hauptsatz in einer anderen Zeit als dem Präsens, wird alles unter Umständen sehr viel komplizierter.

2. Infinitivkonstruktionen anstelle von Nebensätzen

Was Sie schon kennen: das Grundmuster

Mit den Präpositionen haben Sie sich inzwischen schon mehrfach herumgeschlagen. Hier ein weiteres Kapitel zu diesem leider etwas uferlosen Thema: Infinitivkonstruktionen als Ersatz für Nebensätze. Denn auch hieran sind (meistens) Präpositionen beteiligt.

Sie kennen solche Infinitivkonstruktionen aus dem Deutschen:

Kristina ging aus dem Haus, **ohne** etwas **zu essen**.

Basiselemente sind die Präposition «ohne» und der Infinitiv «essen». Natürlich kann man sie ergänzen:

Sie ging, **ohne** ihre schönen, bunten Törtchen **zu essen.**

Die wichtigste Voraussetzungen für den Gebrauch einer solchen Infinitivkonstruktion ist Ihnen bestimmt nicht entgangen: Beide Teile müssen dasselbe Subjekt haben. Mit anderen

Worten, diejenige Person, die geht und die, welche (keine) Törtchen isst, müssen identisch sein. Anderenfalls kommen Sie um einen Nebensatz meistens nicht herum, etwa: «**Sie** ging, ohne dass **er** ihre schönen, bunten Törtchen gegessen hätte».

Infinitivkonstruktionen sind auch im Spanischen gebräuchlich (die eine oder andere ist Ihnen längst untergekommen). Sie sind sogar außerordentlich beliebt – so beliebt, dass es auch welche gibt, die man im Deutschen nur mit einem Nebensatz wiedergeben kann. Für Sie bedeutet das: Sie müssen dann in Gedanken vom – deutschen – Nebensatz zur spanischen Infinitivkonstruktion wechseln.

Darüber sollten Sie sich allerdings nicht grämen. Infinitivkonstruktionen sind nämlich recht einfach zu handhaben, bieten Ihnen also die Möglichkeit, allerlei tief schürfende Gedanken ohne allzu großes Fehlerrisiko auszudrücken.

2.2 Infinitivkonstruktionen, die auch im Deutschen möglich sind.

Einige Infinitivkonstruktionen funktionieren im Spanischen praktisch genauso wie im Deutschen:

Voy al banco ***para cambiar*** *dinero.*

Ich gehe/fahre zur Bank, **um** Geld **zu tauschen**.

Mit *para* + Infinitiv kann ich eine Absicht oder einen Zweck ausdrücken. Ich «ersetze» also einen Finalsatz («damit ...»). Auch das deutsche «ohne zu» lässt sich problemlos – durch *sin* + Infinitiv – wiedergeben.

Enrique sale del bar ***sin pagar****.* — Enrique verlässt die Kneipe, **ohne zu bezahlen**.

Nach demselben Muster funktionieren andere Infinitivkonstruktionen, für die es im Deutschen keine Entsprechung gibt.

2.3 Infinitivkonstruktionen, die nur im Spanischen möglich sind.

Vor allem eine Reihe von **Temporalsätzen** lassen sich im Spanischen durch Infinitivkonstruktionen ersetzen:

Desayuno en un bar ***antes de ir*** *a la oficina.*

Bevor ich ins Büro gehe, frühstücke ich in einer Kneipe.

Después de cenar *veo la televisión.*

Nachdem ich zu Abend gegessen habe, sehe ich fern.

Al salir de la oficina *encontré a unos amigos.*

Als ich aus dem Büro kam, traf ich einige Freunde.

Al salir de la oficina *suelo tomar un café en un bar.*

Wenn ich aus dem Büro komme, trinke ich immer einen Kaffee in einer Kneipe.

Siga esta calle ***hasta llegar*** *a un parque.*

Folgen Sie dieser Straße, **bis** Sie zu einem Park kommen.

Alle diese Infinitivkonstruktionen werden – wie Sie sehen – im Deutschen mit einem Nebensatz wiedergegeben, das spanische Satzmuster lässt sich nicht wörtlich übertragen.

Im Spanischen ebenfalls durch eine Infinitivkonstruktion ausdrücken lassen sich **Kausalsätze** (Nebensätze, die einen Grund, eine Begründung angeben) und **Bedingungssätze**:

***Por estar enferma**, Kristina no pudo venir.*
(statt:) *Como estaba enferma, Kristina no pudo venir.*
Da sie krank war, konnte Kristina nicht kommen.

***De pasar** por Sevilla, podremos ver a unos amigos.*
(statt:) *Si pasamos por Sevilla, podremos ver a unos amigos.*
Wenn wir über Sevilla fahren, können wir einige Freunde sehen.

Hier eine Übersicht:

spanische Infinitivkonstruktion	**entsprechender deutscher Nebensatz**
***antes de** (hacer algo)*	**bevor** (man etwas tut /getan hat)
***después de** (hacer algo)*	**nachdem** (man etwas getan hat)
***al** (hacer algo)*	**wenn ..., als...**
***hasta** (hacer algo)*	**bis** (man etwas tut /getan hat)
***por** (hacer algo)*	**da**, **weil**
***de** (hacer algo)*	**wenn**, **falls**

Anstelle komplizierter Verbformen in allen möglichen Zeiten genügt in allen diesen Fällen ein schlichter Infinitiv.

☝ Wenn Sie's noch genauer wissen wollen ...

Zum Schluss möchten wir Ihnen noch einen weiteren Typ Infinitivkonstruktionen vorstellen. Er sieht allerdings etwas anders aus als die bisherigen:

*No sé **qué hacer**.* — Ich weiß nicht, was ich tun soll.
*No sé **a quién preguntar**.* — Ich weiß nicht, wen ich fragen soll.

Haben Sie den Unterschied bemerkt? Hier steht der Infinitiv nicht mit einer Präposition, sondern mit einem Fragewort zusammen. Beides zusammen ersetzt hier indirekte Fragen.

Dasselbe geht manchmal auch als Hauptsatz:

¿Qué hacer? — Was soll ich tun?

Hier wendet sich der Sprecher Rat suchend an eine Gruppe (oder führt Selbstgespräche). Seine Frage besteht auch hier nur aus Fragewort und Infinitiv (statt etwa: *¿Qué podría hacer?* oder *¿Qué podríamos hacer?).*

Übung

Geben Sie folgenden Sätze bitte auf Spanisch wieder:

1. Weißt du, ob Carlos kommt?

   —Ich weiß nicht, ob er heute kommt. Carmen sagt, dass er nicht kommen kann.

2. Kannst du mir sagen, wie dieses Mädchen heißt?

   —Nein, ich kann es nicht, weil ich es nicht weiß.

3. Können Sie mir sagen, wo eine Apotheke ist?

   —Ich kann es nicht sagen, weil ich nicht in diesem Stadtviertel wohne [lebe].

   —Ich weiß es, obwohl ich nicht in dieser Stadt wohne.

4. Helena lernt spanisch, um mit den Leuten *(la gente)* zu sprechen.

5. Bevor er ins Büro ging, kaufte Luis in einem Geschäft etwas ein.

6. Nachdem sie einige Bücher gekauft hat, geht Ana ins Büro.

7. Ich gehe in die Kneipe, um einige Freunde zu treffen.

8. Ich kann nicht ins Büro kommen *(ir)*, ohne den Wagen zu nehmen.

9. Können Sie mir sagen, wie viel Uhr es ist?

10. Bevor ich esse, trinke *(tomar)* ich immer einen Aperitif *(un aperitivo)*.

11. Nachdem ich gegessen habe, trinke ich eine Tasse Kaffee.

12. Wenn ich aus dem Haus gehe, muss ich die Straße überqueren *(atravesar)*.

13. Folgen Sie dieser Straße, bis Sie zu Ihrem Hotel kommen.

■ SLE41: Orthographische Besonderheiten in einigen Verbgruppen

Was Sie schon kennen: die Aussprache von *c* und *g*

Wenn Sie heute einmal ein wenig zurückblicken (hoffentlich nicht im Zorn!) und sich an Ihre Anfänge in dieser Sprache erinnern, fallen Ihnen bestimmt zwei Buchstaben ein, die Ihnen seinerzeit Probleme gemacht haben: das *c* und das *g*. Warum? Weil sich hier die Aussprache ziemlich radikal ändert, je nachdem ob ein heller Vokal folgt (*e* bzw. *i*) oder ein dunkler *(a, o, u)* bzw. ein Konsonant.

So wird ein *c* vor *e* oder *i* bekanntlich wie ein stimmloses englisches *th* oder ein scharfes *s* gesprochen: ***c**ero, la esta**c**ión, **c**enar.*

Folgen hingegen *a, o* oder *u* (bzw. ein Konsonant), so klingt derselbe Buchstabe wie ein «k»: *el **c**alor, el **c**oche, el **c**uerpo*. In einem Wort wie ***c**er**c**a* kommen sogar beide Varianten vor.

Ähnlich das *g*. Vor den hellen Vokalen *e* und *i* klingt es wie ein deutsches «ch» in «ach»: *la **g**ente, la **g**imnasia, **g**eneralmente.* Vor den dunklen Vokalen (bzw. allen Konsonanten) wird es genauso ausgesprochen wie im Deutschen, nämlich als «g»: ***g**anar, el **g**araje, el **g**usto.*

Noch verwirrender ist auf den ersten Blick die Buchstabenkombination *gu*. Vor *e* oder *i* klingt beides bekanntlich wie ein «normales g»: *la **gu**erilla, Mi**gu**el, la **gu**illotina*. Das *u* ist also nicht zu hören, es dient lediglich dazu, vor *e* und *i* den Laut *g* zu umschreiben.

Anders vor *a* und *o*: Da man hier das *g* ohnehin wie «g» spricht, wird das *u* plötzlich hörbar: ***gu**apo, la **gu**ardia civil, anti**gu**o.*

Hier das ganze noch einmal in der Übersicht:

Buchstabenkombination					**Aussprache**
vor ***a***	vor ***e***	vor ***i***	vor ***o***	vor ***u***	
GA	*GUE*	*GUI*	*GO*	*GU*	*G*
JA	*JE, GE*	*JI, GI*	*JO*	*JU*	*CH*
CA	*QUE*	*QUI*	*CO*	*CU*	*K*
ZA	*CE*	*CI*	*ZO*	*ZU*	*S, «th»*

Warum wir Ihnen mitten im Band II noch einmal mit solch «ollen Kamellen» kommen? Weil diese Regeln für eine Reihe kleinerer «Unregelmäßigkeiten» bei bestimmten Verben und Verbgruppen verantwortlich sind, «Unregelmäßigkeiten», die im Grunde keine sind und die man sich leicht erklären kann. Pfiffige Spanischkursabsolventen sparen auf diese Weise Lernarbeit und vermeiden Fehler.

1. Das Prinzip: die Aussprache ändert sich nicht

Interessant wird es, wenn einer dieser beiden Buchstaben (also *c* oder *g*) am Ende des Verbstammes steht und infolgedessen auf ständig wechselnde Endungen trifft. Sehen wir uns dazu einmal das Verb *co**g**er* («ergreifen», «fangen», «nehmen») an. Schon in der Ich-Form Präsens träfe das *g* normalerweise auf ein *o* und müsste prompt wie *g* gesprochen werden. Die Folge wäre eine radikale Ausspracheänderung (denn schon in der Du-Form: *coges* ist fürs Erste wieder alles «im Lot»). Da eine solche plötzliche «Klangveränderung» aber die Verständlichkeit und damit die Verständigung erschweren würde, muss ein anderes Zeichen, ein anderer Buchstabe her, der dem *g* vor *e* und *i* und damit in der Aussprache einem deutschen «ch» entspricht. Und das ist bekanntlich das *j*. Das Präsens von *coger* sieht also folgendermaßen aus:

Person	Präsens von *coger*
(yo)	*co**j**o*
(tú)	*coges*
(él/ella/Vd.)	*coge*
(nosotros/nosotras)	*cogemos*
(vosotros/vosotras)	*cogéis*
(ellos/ellas/Vds.)	*cogen*

Die Sie-Befehle werden natürlich ebenfalls mit *j* geschrieben, denn es folgt ja ein *a*: ***coja*** bzw. ***cojan***.

☞ Das Prinzip lautet also: Die Schreibweise richtet sich nach der Aussprache. Sie wird so geändert, dass die Aussprache erhalten bleibt.

1.1 Verben mit *g* vor der Endung

◆ Verben auf *-ger* oder *-gir*

Bei den Verben auf *-ger* oder *-gir* folgt daraus, dass das *g* jedes Mal zu *j* wird, wenn eine Endung mit *a* oder *o* beginnt, wie bei *coger*. Es heißt also *co**j**o* bzw. *co**j**a(n)*, aber natürlich *co**g**es*, *co**g**e* etc.

◆ Verben auf *-gar*

Auch der umgekehrte Fall kommt vor, zum Beispiel bei *lle**gar*** («ankommen»). Die Gegenwartsformen sind unauffällig, aber die Sie-Befehle lauten: *lleg**u**e (Vd.)*, *lleg**u**en (Vds.)*. Einen weiteren «Ausreißer» gibt es logischerweise beim *Indefinido*:

Person	Indefinido von *llegar*
(yo)	*lleg**u**é*
(tú)	*llegaste*
(él/ella/Vd.)	*llegó …*

Bei den Verben auf *-gar* wird also ein u eingefügt, wenn eine Endung mit e beginnt.

◆ Verben auf *-guir*

Dreimal dürfen Sie raten, was bei den Verben auf *-guir* passiert. Klarer Fall: Vor einer Endung, die mit *o* oder *a* beginnt, würde das *u* hörbar. Es fällt also fort. Das Präsens von *distinguir* («unterscheiden») beginnt dementsprechend:

Person	Präsens von *distinguir*
(yo)	*distin**go***
(tú)	*distingues*
(él/ella/Vd.)	*distingue …*

Die Sie-Befehle lauten natürlich: *distin**ga*** *(Vd)* und *distin**gan*** *(Vds).*

◆ Verben auf *-guar*

Bei den Verben auf *-guar* soll das *u* natürlich auch in den Formen zu hören sein, die mit *e* beginnen. Um das zu erreichen, müssen die Spanier ein wenig tiefer in ihre Trickkiste greifen. Sie verwenden hierzu das «Trema» (hier auf einem *e: ë*). Das Trema sieht aus wie ein deutsches Umlautzeichen, hat aber eine ganz andere Funktion: Es bewirkt, dass zwei Laute getrennt gesprochen werden, also nicht zu einem Doppellaut (Diphthong) oder sonst wie verschmelzen.

So lauten die Sie-Befehle zu *averiguar* («nachforschen», «ermitteln»):

Sie-Befehl Einzahl	Sie-Befehl Mehrzahl
*averig**ü**e (Vd.)*	*averig**ü**en (Vd.)*

Auf diese Weise bleibt das *u* in der Aussprache erhalten. Und das *Indefinido* beginnt ebenfalls:

Person	Indefinido von *averiguar*
(yo)	*averig**ü**é*
(tú)	*averiguaste*
(él/ella/Vd.)	*averiguó*

1.2. Verben mit *c* oder *z* vor der Endung

◆ Verben auf *-car*

Um bei den Verben auf *-car* den k-Laut vor Endungen, die mit *e* beginnen, zu erhalten, ist wieder einmal ein Austausch erforderlich. Diesmal wird das *c* zu *qu* (das ja im Spanischen immer wie «k» gesprochen wird). Beispiel: *buscar*, «suchen».

Person	Indefinido von ***buscar***
(yo)	*bus**qu**é*
(tú)	*buscaste*
(él/ella /Vd.)	*buscó ...*

Auch die beiden Sie-Befehle erhalten ein *qu: bus**qu**e (Vd.)* und *bus**qu**en (Vds.).*

◆ Verben auf *-zar*

Genau «andersherum» funktioniert die Sache bei den Verben auf *-zar* (z.B. *abrazar*, «umarmen»). Hier wird das *z* zu *c*, wenn ein *e* folgt:

Person	Indefinido von ***abrazar***
(yo)	*abra**c**é*
(tú)	*abrazaste*
(él/ella/Vd.)	*abrazó ...*

Hinzu kommen wieder die Sie-Befehle: *abra**c**e Vd., abra**c**en Vds.*

◆ Verben auf *-cer* und *-cir*

Etwas vom bisherigen Schema weichen die Verben mit einem *c* vor einer Infinitivendung auf *e* oder *i* (z.B. *conco**c**er, condu**c**ir* oder *na**c**er*) *ab.* Folgt – zum Beispiel in der Ich-Form Präsens oder bei den Sie-Befehlen – ein *a* oder *o*, so wird zusätzlich ein *z* eingeschoben. Man hört dann das *z* als scharfes «s» oder «th», zusätzlich aber auch das *c* als «k»:

Person	Präsens von ***conocer***
(yo)	*cono**z**co*
(tú)	*conoces*
(él/ella/Vd.)	*conoce ...*

Entsprechend wieder die Sie-Befehle: *cono**zc**a (Vd.)* und *conco**zc**an (Vds.).*

Übung

Bilden Sie bitte folgende Verbformen:

	aparcar (parken)	***proteger*** (beschützen)	***empezar*** (beginnen)	***pagar*** (bezahlen)
(yo)	________	________	________	________
(él/ella)	________	________	________	________
Sie-Befehl (Einzahl)	________	________	________	________

	dirigir (richten, lenken)	***averiguar*** (untersuchen, ermitteln)	***distinguir*** (unterscheiden)
(yo)	________	________	________
(tú)	________	________	________
Sie-Befehl (Mehrzahl)	________	________	________

SLE 42: 1. Verben und Ausdrücke für «können» 2. Infinitivkonstruktionen anstelle deutscher Adverbien

1. Verben und Ausdrücke für «können»

Was Sie schon kennen: *poder* und *saber*

Schon in Band I haben Sie die Verben *poder* (normalerweise für «können») und *saber* (normalerweise für «wissen») kennen gelernt. Hier zur Erinnerung noch einmal die Präsensformen:

Person	Präsens von *poder*	Präsens von *saber*
(yo)	***pue**do*	***sé***
(tú)	*puedes*	*sabes*
(él/ella/Vd.)	*puede*	*sabe*
(nosotros/nosotras)	***po**demos*	*sabemos*
(vosotros/vosotras)	*podéis*	*sabéis*
(ellos/ellas/Vds.)	***pue**den*	*saben*

Das Verb *poder* weist im Präsens nur eine Lautveränderung von *o* nach *ue (p**o**der → p**ue**do → p**o**demos)* in den stammbetonten Formen auf. Bei *saber* ist – wie so oft – nur die Ich-Form *(sé)* unregelmäßig.

Die übrigen unregelmäßigen Zeiten können Sie – wenn nötig – in Ihrer Zusatz-SLE «Verben» (Band II) nachsehen.

1.1. Das deutsche Verb «können»: unterschiedliche Bedeutungen

Wenn Sie einmal kurz darüber nachdenken, wird Ihnen schnell deutlich, dass das deutsche Verb «können» mehrere ganz unterschiedliche Bedeutungen hat: «Ich kann den Fernseher nicht reparieren» (weil ich kein Mechaniker bin). «Ich kann heute nicht vorbeikommen» (weil ich keine Zeit habe). «Ich könnte meine Leute niemals so schlecht behandeln wie dieser Chef» (weil ich dazu moralisch nicht imstande bin) und so weiter ...

Das erste Können beruht auf (mangelndem) Wissen – hier fehlen schlicht und einfach Fachkenntnisse zur Fernsehreparatur. Das zweite Können beruht auf äußeren Umständen, (fehlenden) Möglichkeiten – es fehlt nur die Gelegenheit. Das Letzte schließlich drückt eine «moralische» (Un-) Fähigkeit aus. Für alles das reicht im Deutschen ein einziges Verb, eben «können». Im Spanischen ist das leider etwas anders: Hier benötigen Sie verschiedene Verben und Ausdrücke, unter anderem *saber.*

1.2. Verben und Ausdrücke für «können» im Spanischen: *poder, saber, ser* capaz de, puede ser que

◆ ***Saber (hacer algo)***

Wenn es sich um ein Können handelt, das auf Wissen, auf Kenntnissen beruht, steht – logischerweise – das Verb *saber:*

Un analfabeto no ***sabe ni leer ni escribir****.*
Ein Analphabet **kann** weder lesen noch schreiben.
(wörtlich: ... weiß weder zu lesen noch zu schreiben)

Dass ein Analphabet des Lesens und Schreibens nicht kundig ist, lässt sich allein auf die Tatsache zurückführen, dass er beides nie gelernt hat.

◆ ***Poder (hacer algo)***

Geht es hingegen um ein Können, das auf Möglichkeiten oder auf äußerlichen Gegebenheiten beruht, wird *poder* gesetzt:

Kristina hoy no ***puede salir*** *con sus amigos porque no tiene tiempo.*
Kristina **kann** heute nicht mit ihren Freunden ausgehen, weil sie keine Zeit hat.

Es fehlt ihr die Gelegenheit, denn sie hat ja keine Zeit.

Das Verb *poder* steht außerdem, wenn es sich um «können» im Sinne von «dürfen», «erlaubt sein» handelt:

*¿****Se puede fumar*** *en esta oficina?* — Kann/Darf man in diesem Büro rauchen?

◆ ***Ser capaz de (hacer algo)***

Wenn ein «moralisches Können» ausgedrückt werden soll («Ich könnte niemals einen Freund betrügen ...»), steht *ser capaz/incapaz de:*

El abogado dice que su cliente no ***es capaz de robar****.*
Der Anwalt sagt, sein Klient sei (moralisch) nicht in der Lage zu stehlen.

Oft wird dieser Ausdruck im Deutschen mit «(nicht) in der Lage, imstande sein» wiedergegeben.

◆ ***Puede ser que***

Unser letzter Ausdruck beinhaltet den Ausdruck einer Vermutung, einer Spekulation («Kann sein, dass etwas passiert ist.»). Hierfür steht *puede ser que* mit *Subjuntivo* im Nebensatz:

Puede ser que *los controladores aéreos* ***estén*** *en huelga.*
Es kann sein (d.h. es ist möglich), dass die Fluglotsen streiken.

Hier ist sich jemand seiner Sache nicht sicher, was er durch *puede ser que* ausdrückt. Dieser Unsicherheit oder Ungewissheit entspricht der *Subjuntivo* im Nebensatz.

2. Infinitivkonstruktionen anstelle deutscher Adverbien

Was Sie schon kennen: das Problem des Übersetzens

Es dürfte vermutlich nicht nötig sein, Sie noch einmal feierlich auf die Tatsache hinzuweisen, dass Sie Ihre Gedanken nicht immer «geradlinig» von einer Sprache in die andere übertragen können. Eins-zu-eins-Übersetzungen ergeben bekanntlich oft Pidgin (in Deutschland auch als Aussprüche bestimmter Staatsmänner gehandelt). Immer wieder müssen Sie Ihre (geplante) Äußerung also erst einige Male im Kopf hin- und herbewegen, ehe sie in das Raster der anderen Sprache passt. Wenn man da System hereinbringen könnte ...

In einigen Bereichen ist das tatsächlich möglich, womit wir beim Thema wären. Ein typisches Beispiel haben Sie längst kennen gelernt: das *Gerundio* (SLE 28, Band I). Wenn Sie etwa sagen wollen: «Stör' mich nicht, ich lese gerade» – dann können Sie nach dem Wörtchen «gerade» lange suchen, es wird Ihnen nichts Gescheites einfallen. Erst der gedankliche Dreh: «Ach richtig! Da muss ich ja *Gerundio* mit *estar* setzen» wird Sie auf die richtige Spur bringen. Und schon geht es Ihnen flott über die Lippen:

Estoy leyendo. — Ich **lese gerade**.

Ähnlich ergeht es Ihnen bei dem Wörtchen «weiter», etwa in «Ich lese weiter». Auch hier lautet die Lösung *Gerundio*, diesmal aber mit *seguir:*

Kristina ***sigue leyendo.*** — Kristina **liest weiter**.

Dann war da noch der Ausdruck *ir a hacer algo*, mit dem man bekanntlich eine Zukunft, vorzugsweise eine nahe, ausdrücken kann. Dass man im Deutschen kaum Futurformen verwendet, ist Ihnen sicherlich bewusst.

Stattdessen setzen wir zum Ausdruck eines Geschehens, das in naher Zukunft liegt – na? Richtig, das Adverb «gleich» (das Sie ebenfalls nicht ohne weiteres ins Spanische importieren können). «Ist ja okay, ich mach' das gleich» ergibt also:

Voy a *hacerlo.*

Infinitivkonstruktionen anstelle deutscher Adverbien

Womit wir endgültig beim Thema wären: Infinitivkonstruktionen (vergleiche SLE 40.2.), die im Deutschen (meistens oder ausschließlich) durch Adverbien wiedergegeben werden. Bei denen Sie also ziemlich radikal umdenken, die Ihnen beim Sprechen einfallen müssen.

Einige solche Infinitivkonstruktionen, die im Deutschen oft oder meistens mit einem Adverb wiedergegeben werden, sind Ihnen längst nicht mehr unbekannt:

Me gusta *mucho* ***ir*** *al teatro.* — Ich gehe **gerne** ins Theater.

Denn kein Mensch sagt: «Es gefällt mir sehr, ins Theater zu gehen.» Mit Hilfe des Verbs *gustar* können Sie also das deutsche Adverb «gern» umschreiben.

Auch dem Adverb «lieber» entspricht im Spanischen oft ein Verb mit Infinitiv im Gefolge, nämlich *preferir:*

No tengo ganas de ir al cine. ***Prefiero ir*** *al teatro.*
Ich habe keine Lust, ins Kino zu gehen. Ich gehe **lieber** ins Theater.

Denn auch in diesem Falle sagen normal denkende Menschen nicht: «Ich ziehe es vor, ins Theater zu gehen.»

Und, weil's so schön war, noch ein dritter Fall:

Los domingos ***suelo comer*** *en un restaurante.*
Sonntags esse ich **gewöhnlich** in einem Restaurant.

Oder sagen Sie etwa: «Ich pflege sonntags in einem Restaurant zu essen»? Womit denn? Mit goldenen Löffeln? Das Verb *soler hacer algo* entspricht also dem deutschen «gewöhnlich, üblicherweise etwas tun».

Hier ein Überblick über eine Reihe weitere Infinitivkonstruktionen für deutsche Adverbien. Anders als in unseren bisherigen Beispielen kann man einige dieser Ausdrücke nicht wörtlich übersetzen:

acabar ***de***	*Acabo de llegar.* Ich bin **soeben** angekommen.	soeben etwas getan haben
acabar ***por***	*Acabo por verte.* **Endlich** sehe ich dich.	schließlich etw. tun
acertar a	*Acierto a pasar por su casa.* Ich komme **zufällig** bei Ihnen vorbei.	zufällig etw. tun
no tardar en	*No tiene usted que tardar en hacerlo.* Sie müssen es **bald** tun.	bald etw. tun
no dejar de	*No deja de robar.* Er stiehlt **immer wieder**.	immer wieder etwas tun
volver a	*¿Cuándo volveremos a vernos?* Wann sehen wir uns **wieder**?	etw. wieder tun, etw. noch einmal tun

Vielleicht merken Sie sich noch die beiden folgenden Infinitive mit Präposition, die beliebten deutschen Floskeln entsprechen: *sin tardar* («unverzüglich») und *sin querer* («unabsichtlich»).

Übungen

1. Ergänzen Sie bitte den passenden Ausdruck für «können»:

1. *No ____________ leer esta carta. Dame las gafas* [Brille].
2. *Desgraciadamente Kristina no ____________ portugués.*
3. *Es una persona sincera. No ____________ mentir.*
4. *Vd. ne ____________ entrar por esta puerta.*
5. *¿Piensas que va a llover? —____________.*
6. *¿ ____________ tú conducir este coche? —No, es demasiado viejo.*
7. *Kristina no ____________ bailar la salsa. Por eso pregunta a Enrique si ____________ enseñarle este baile. Enrique está de acuerdo. Sin embargo, ____________ que no tenga tiempo.*

2. Geben Sie die folgenden Sätze bitte in Spanisch wieder:

1. Wann fahren wir wieder nach Spanien?

   ____

   —Ich habe die Absicht *[tener la intención]*, morgen loszufahren *[salir]*.

   ____

2. Arbeiten Sie bitte weiter.

   ____

3. Endlich verstehe ich es.

   ____

4. Ich habe gerade einen Freund gesehen.

   ____

5. Wann stehst du normalerweise auf?

   ____

   —Ich stehe gewöhnlich um sieben Uhr auf. – Und Ana?

   ____

   —Die steht normalerweise um 8 Uhr auf.

   ____

6. Um 2 Uhr nachmittags fange ich wieder an zu arbeiten.

   ____

7. Magst du gern Bier? Ich trinke lieber Wein.

   ____

■ SLE 43: *Subjuntivo* II

Was Sie schon kennen: die Grundlagen

Da das Thema *Subjuntivo* etwas uferlos ist, beschränken wir uns bei diesem Rückblick auf die wichtigsten Punkte. Die Details können Sie im Zweifelsfall noch einmal in SLE 27 (Band I) nachlesen.

Die (regelmäßigen) Formen des *Subjuntivo* erhalten Sie meistens, indem Sie einen einzigen Vokal in der Endung austauschen:

Verben auf *-ar*		Verben auf *-er*		Verben auf *-ir*	
Präsens	***Subjuntivo***	**Präsens**	***Subjuntivo***	**Präsens**	***Subjuntivo***
tomo	*tome*	*como*	*coma*	*vivo*	*viva*
tomas	*tomes*	*comes*	*comas*	*vives*	*vivas*
toma	*tome*	*come*	*coma*	*vive*	*viva*
tomamos	*tomemos*	*comemos*	*comamos*	*vivimos*	*vivamos*
tomáis	*toméis*	*coméis*	*comáis*	*vivís*	*viváis*
toman	*tomen*	*comen*	*coman*	*viven*	*vivan*

Normalerweise wird das *a* der Verben auf *-ar* zu *e* *(tomas → tomes)* und das *e* oder *i* der anderen regelmäßigen Verben zu *a* *(comes → comas, vives → vivas)*. Die im *Subjuntivo* unregelmäßigen Verben lassen sich oft von der – ebenfalls unregelmäßigen – Ich-Form Präsens ableiten *(ten**go** → ten**ga*** etc.)

Beim **Gebrauch** gibt es nur wenige Überschneidungen mit dem deutschen Konjunktiv. Mit Hilfe des *Subjuntivo* ausdrücken lassen sich vor allem

- **Wünsche**
- **Ungewissheiten**
- **Gefühlsbewegungen.**

Außerdem steht *Subjuntivo* im Nebensatz hinter zahlreichen **unpersönlichen Ausdrücken**. Dazu im Anschluss mehr.

Mit zur Kategorie der Wünsche müssen Sie die Sie-Befehle und die verneinten Befehle (vgl. SLE 25, Band I) rechnen. Zum Ausdruck von Wünschen kommt *Subjuntivo* auch oft in Hauptsätzen vor:

Que te diviertas. — (etwa:) Amüsier' dich gut!
*Ojalá no **tenga** prisa.* — Hoffentlich hat er/sie es nicht eilig!

Ansonsten steht *Subjuntivo* meistens in Nebensätzen nach *que* oder bestimmten Konjunktionen:

Puedes visitarme ***cuando tengas*** *tiempo.*
Du kannst mich besuchen, wenn du Zeit hast.

Me alegro de ***que vengas****.* — Ich freue mich, dass du kommst.

Im oberen Beispiel steht *Subjuntivo* nach *cuando*, weil sich der Nebensatz auf ein zukünftiges Ereignis bezieht. Mit anderen Worten: Wann die betreffende Person Zeit hat, ist noch ungewiss. Das zweite Beispiel beginnt mit einem Ausdruck der Gefühlsbewegung («ich freue mich»), auf den ein Nebensatz folgen muss, da zwei verschiedene Subjekte vorhanden sind («**Ich** freue mich, dass **du** kommst»). Wieder müssen Sie also einen *Subjuntivo* einbauen.

1. Das *Compuesto* des *Subjuntivo*

Nehmen wir uns das letzte Beispiel noch einmal vor:

Me alegro de ***que vengas****.* — Ich freue mich, dass du kommst.

In diesem Satzgefüge (Hauptsatz: *Me alegro de ...* + Nebensatz: *... que vengas*) sind beide Teile gleichzeitig: Ich freue mich (jetzt) darüber, dass du (gerade) kommst. Allerdings könnte der Nebensatz auch **vorzeitig** gegenüber dem Hauptsatz sein:

Ich **freue** mich, dass du **gekommen bist**.

Natürlich muss auch dieser (vorzeitige) Nebensatz nach einem Ausdruck der Gefühlsbewegung im *Subjuntivo*, dieser *Subjuntivo* aber in einer anderen Zeit stehen, und zwar im *Compuesto:* Wieder einmal setzen Sie das Hilfsverb *haber*, diesmal natürlich im «normalen» *Subjuntivo* (Präsens) und dahinter das eigentliche Verb im Partizip. Statt ***has*** *tenido* heißt es dann ***hayas*** *tenido.* Alles andere bleibt wie gehabt.

Das *Compuesto* des *Subjuntivo* wird also im Prinzip genauso gebildet wie das «normale» *Compuesto.* Der einzige Unterschied besteht darin, dass das Hilfsverb *haber* im *Subjuntivo* steht. (Das Prinzip kennen Sie längst: Denken Sie beispielsweise an das Plusquamperfekt, das entsteht, wenn Sie *haber* ins *Imperfecto* setzen!)

Wie so oft im Spanischen brauchen Sie also nur Bekanntes zu kombinieren, um neue Formen zu erhalten, hier den *subjuntivo* von *haber* (vgl. SLE 27, Band I) und die bekannten Partizipien (vgl. SLE 16, Band I):

Person	**Hilfsverb *haber* im *Subjuntivo***	**Partizip** (hier von *estar*)
(yo)	***haya***	*estado*
(tú)	***hayas***	*estado*
(él/ella/Vd.)	***haya***	*estado*
(nosotros/-as)	***hayamos***	*estado*
(vosotros/-as)	***hayáis***	*estado*
(ellos/ellas/Vds.)	***hayan***	*estado*

Auf diese Weise können Sie also eine Vorzeitigkeit in einem Nebensatz mit *Subjuntivo* ausdrücken – vorausgesetzt, der Hauptsatz steht im Präsens, im Futur oder im *Compuesto:*

Me alegro ***Me he alegrado*** ***Me alegraré***	*de que* ***hayas venido.***
Ich freue mich darüber / habe mich gefreut / werde mich freuen	dass du gekommen bist.

Steht der Hauptsatz dagegen im *Imperfecto, Indefinido* oder Plusquamperfekt, müssen Sie andere Zeiten des *Subjuntivo* setzen (vgl. SLE 50).

1.1 Weitere Verben, Ausdrücke und Konjunktionen mit *Subjuntivo* im Gefolge

◆ Verben, die eine Bitte, einen Wunsch oder einen Befehl ausdrücken

Verben, die einen Wunsch, eine Bitte oder einen Befehl (im weiteren Sinne) ausdrücken, gibt es im Spanischen reichlich. Hinter ihnen folgt im Nebensatz immer *Subjuntivo.* Hier eine kleine Auswahl weiterer:

aconsejar que (raten, dass)	*Te aconsejo* ***que busques*** *otro trabajo.* Ich rate dir, dir eine andere Arbeit zu suchen.
obtener (erreichen, dass)	*El sindicato ha obtenido* ***que*** *todos los empleados* ***ganen*** *más dinero.* Die Gewerkschaft hat erreicht, dass alle Angestellten mehr Geld verdienen.
preferir que (vorziehen, dass)	*Prefiero* ***que llegues*** *un poco más temprano.* Ich ziehe es vor, dass du etwas eher (an)kommst.
prohibir que (verbieten, dass)	*El jefe prohibe* ***que*** *los empleados* ***empiecen*** *su trabajo después de las nueve.* Der Chef verbietet, dass die Angestellten ihre Arbeit nach neun beginnen.
proponer que (vorschlagen, dass)	*Propongo* ***que salgamos*** *hoy.* Ich schlage vor, dass wir heute ausgehen.

◆ Verben, die eine Gefühlsbewegung ausdrücken

Hier eine weitere Auswahl von Verben, die eine Gefühlsbewegung ausdrücken:

esperar que (hoffen, dass)	*Espero* ***que estés*** *bien.* Ich hoffe, dass es dir gut geht.
estar contento/a de que (zufrieden/glücklich darüber sein, dass)	*Kristina está contenta de* ***que tenga*** *muchos amigos en España.* Kristina ist glücklich darüber, dass sie viele Freunde in Spanien hat.
gustar que (gefallen, dass)	*Me gusta* ***que viajemos*** *a España.* Es gefällt mir, dass wir nach Spanien fahren.
tener miedo que (fürchten, dass; Angst haben, dass)	*Tengo miedo* ***que*** *los amigos no* ***puedan*** *venir.* Ich fürchte, dass die Freunde nicht kommen können.

◆ Unpersönliche Ausdrücke

Hinter sehr vielen unpersönlichen Ausdrücken («es ist wichtig/nötig/möglich ...») steht, wenn ein Nebensatz folgt, ebenfalls *Subjuntivo*:

es posible que (es ist möglich, dass)	*Es posible* ***que*** *Kristina no* ***tenga*** *tiempo.* Es ist möglich, dass Kristina keine Zeit hat.
es imposible que (es ist unmöglich, dass)	*Es imposible* ***que*** *este tren* ***lleve*** *retraso.* Es ist unmöglich, dass dieser Zug Verspätung hat.
es lógico que (es ist logisch, dass)	*Es lógico* ***que*** *Juan no* ***encuentre*** *trabajo.* Es ist logisch, dass Juan keine Arbeit findet.
es normal que (es ist normal, dass)	*Es normal* ***que*** *los niños no* ***tengan*** *ganas de acostarse.* Es ist normal, dass Kinder keine Lust haben, ins Bett zu gehen.
es importante que (es ist wichtig, dass)	*Es importante* ***que*** *Vd. no* ***olvide*** *los documentos.* Es ist wichtig, dass Sie die Papiere nicht vergessen.
es necesario que (es ist notwendig, dass)	*Es necesario* ***que*** *Vd.* ***traiga*** *los documentos.* Es ist notwendig, dass Sie die Dokumente herbringen.

es mejor que (es ist besser, dass)	*Es mejor* ***que deje*** *de fumar.* Es ist besser, wenn Sie mit dem Rauchen aufhören.
es triste que (es ist traurig, dass)	*Es triste* ***que*** *no* ***tenga*** *tiempo de visitar a sus abuelos.* Es ist traurig, dass er/sie keine Zeit hat, seine/ihre Großeltern zu besuchen.
es maravilloso que (es ist herrlich, dass)	*Es maravilloso* ***que haga*** *por fin buen tiempo en Alemania.* Es ist herrlich, dass in Deutschland endlich gutes Wetter ist.
es probable que (es ist wahrscheinlich, dass)	*Es probable* ***que*** *el señor Gómez no* ***pueda*** *pagar las facturas.* Es ist wahrscheinlich, dass Herr Gómez die Rechnungen nicht bezahlen kann.
es una pena/lástima que (es ist schade, dass)	*Es una pena* ***que*** *no* ***gane*** *más dinero.* Es ist schade, dass ich nicht mehr Geld verdiene.

Übungen

Machen Sie aus den Bruchstücken bitte vollständige Sätze (achten Sie dabei auf die Zahl der Subjekte):

A. *Un guía amable:*

1. *Me alegro — (Vd.) — estar aquí*

   ____

2. *Quiere (Vd.) — visitar nuestra ciudad*

   ____

3. *Espero — (Vd.) — pasar unos días agradables aquí*

   ____

4. *Que lástima — (Vd.) — no tener más tiempo*

   ____

5. *es importante — (Vd.) visitar todos los monumentos*

   ____

6. *Desgraciadamente es posible — nosotros — no poder visitar el palacio*

7. *Le aconsejo — (Vd.) comer en el restaurante «La Casita»*

8. *Hoy no es posible — (Vd.) poder entrar en el museo*

9. *Es también posible — la torre alta — estar cerrado*

10. *Me sorprende — (Vd.) no querer visitar la catedral*

11. *Siento mucho — no hay una fiesta en la ciudad*

B. Geben Sie die folgenden Sätze bitte in Spanisch wieder:

1. Schade, dass Kristina nicht gekommen ist.

2. Ich fürchte, der Zug hat Verspätung. *[llevar retraso]*

3. Es ist möglich, dass der Zug noch nicht angekommen ist.

4. Ich schlage vor, dass wir auf Kristina warten.

5. Es gefällt mir, dass in dieser Stadt eine Fiesta ist.

6. Es ist logisch, dass hier viele Leute sind.

7. Es ist möglich, dass die Fiesta schon begonnen hat.

8. Es ist wichtig, dass Sie die Rechnung bezahlen.

Wir kommen nicht umhin, uns erneut mit dem Thema *Subjuntivo* zu befassen. Wie Sie inzwischen wissen, geht es dabei immer wieder um die folgenden vier Bereiche:

- **Wünsche im weiteren Sinne, also auch Befehle, Verbote, Ratschläge etc.**
- **Gefühlsbewegungen (Freude, Trauer etc.)**
- **Ausdruck von Ungewissheit**
- **unpersönliche Ausdrücke:** «es ist gut/schlecht/möglich/logisch etc.»

Nach Verben und Ausdrücken, aber auch Konjunktion zu diesen Themenbereichen, manchmal auch in entsprechenden Hauptsätzen (vgl. SLE 27, Band I) steht *Subjuntivo:*

***Siento** mucho **que** Vd. **tenga gripe**.*
Es tut mir ausgesprochen leid, dass Sie die Grippe haben.

Wenn Sie also etwa ausdrücken möchten, dass Ihnen etwas Leid tut, gehört in den nachfolgenden Nebensatz ein *Subjuntivo.*

1. *Subjuntivo* nach Verben und Konjunktionen, die Wünsche, Befehle etc. ausdrücken

Hier noch einige weitere Verben, die einen Wunsch im weiteren Sinne ausdrücken und infolgedessen *Subjuntivo* im Gefolge haben:

conseguir que (erreichen, es schaffen, dass)	*No sé como Juan consigue **que** el jefe nunca **perciba** que llega tarde todos los días.* Ich weiß nicht, wie Juan es fertig bringt, dass der Chef niemals merkt, dass er jeden Tag zu spät kommt.
impedir/evitar que (verhindern, dass)	*Hay que evitar / impedir **que** el jefe **perciba** que llegamos tarde.* Wir müssen verhindern, dass der Chef merkt, dass wir zu spät kommen.
recomendar que (empfehlen, dass)	*Ana recomienda a Antonio **que trabaje** de representante.* Ana empfiehlt Antonio, dass er als Vertreter arbeitet.
rogar que (bitten, dass)	*Antonio ruega al jefe **que pueda** empezar más tarde.* Antonio bittet den Chef, dass er später anfangen darf.

hacer que (bewirken, dass)	*Juan hace* ***que*** *el jefe no* ***perciba*** *nada.* Juan sorgt dafür, dass der Chef nichts merkt.

Es gibt übrigens auch einige **Konjunktionen,** die einen Wunsch oder eine Willensäußerung ausdrücken:

para que (damit)	*El jefe dice a Antonio: «Se lo he dicho* ***para que lo haga*** *por fin».* Der Chef sagt zu Antonio: «Ich habe es Ihnen gesagt, **damit** Sie es endlich tun!»
sin que (ohne dass)	*Antonio sale de la oficina* ***sin que*** *el jefe lo* ***perciba****.* Antonio verlässt das Büro, **ohne dass** der Chef es merkt.
no sea que (damit nicht)	*Antonio dice: «Cállate* ***no sea que*** *el jefe nos* ***entienda****.»* Antonio sagt: «Halt den Mund, **damit** der Chef uns **nicht** hört!»
de manera que (so dass)	*El jefe dice a Antonio: «Trabaje* ***de manera que haya*** *resultados!»* Der Chef sagt zu Antonio: «Arbeiten Sie so, dass es Resultate gibt!»

Bei *de manera que* gibt es allerdings zwei Möglichkeiten: *Subjuntivo* steht nur, wenn der Nebensatz einen Wunsch oder eine Absicht enthält. In unserem Beispiel soll Antonio nach den Wünschen seines Chefs gefälligst so arbeiten, dass etwas dabei herauskommt – daher die Form *haya.* Drückt der Nebensatz hingegen nur eine einfache Folge aus, steht Indikativ:

Ana trabaja siempre ***de manera que hay*** *resultados.*
Ana arbeitet immer so, dass etwas dabei herauskommt.
(wörtlich: «... dass es Resultate gibt»)

Hier ist von einem Wunsch oder einer Absicht weit und breit nichts zu erkennen, denn es wird lediglich eine Tatsache ausgedrückt. Und für Tatsachen ist im Spanischen nun einmal der Indikativ zuständig.

1.1 Weitere Verben und Ausdrücke der Gemütsbewegung und Gefühlsäußerung

Und hier weitere Verben und Ausdrücke, die Gemütsbewegungen und Gefühlsäußerungen ausdrücken:

lamentar que (bedauern, dass)	*Lamentamos* ***que*** *no* ***podamos*** *entregar este producto.* Wir bedauern, dieses Produkt nicht ausliefern zu können.

molestar que (stören)	*Me molesta **que** Antonio siempre **llegue tarde.*** Es stört mich, dass Antonio immer zu spät kommt.
perdonar que (vergeben/verzeihen, dass)	*Ana no perdona **que** Antonio no **haya venido** a la cita.* Ana verzeiht Antonio nicht, dass er nicht zu der Verabredung gekommen ist.
parecer bien/mal que (gut/schlecht scheinen, dass)	*Me parece bien **que trabajes** en esta empresa .* Es scheint mir gut, dass du in dieser Firma arbeitest.

estar orgulloso/a (de) que (stolz darauf sein, dass)	*Ana está muy orgullosa (de) **que viva** en una ciudad tan bonita.* Ana ist sehr stolz darauf, dass sie in einer so schönen Stadt lebt.
extrañar que (befremden, merkwürdig vorkommen, dass)	*Me extraña **que** muchas personas no **puedan** vivir sin fumar.* Es befremdet mich, dass viele Leute nicht leben können, ohne zu rauchen.
sorprender que (überraschen, dass)	*Me sorprende **que gasten** tanto dinero para comprar cigarillos.* Es verwundert mich, dass sie so viel Geld ausgeben, um Zigaretten zu kaufen.

1.2 Weitere unpersönliche Ausdrücke mit *Subjuntivo* im Nebensatz

Auch die Liste der unpersönlichen Ausdrücke mit *Subjuntivo* im Nebensatz lässt sich erweitern:

es estupendo que (es ist toll, dass)	*Es estupendo **que vivas** en esta ciudad tan bonita.* Es ist toll, dass du in dieser so schönen Stadt lebst!
es inútil que (es ist unnötig, dass)	*Es inútil **que esperes** aquí.* Es ist unnötig, dass du hier wartest.
no es que (es ist nicht so, dass/als ob)	*No es **que** Antonio **sea** tonto pero no es muy trabajador.* Nicht dass Antonio dumm wäre, aber er ist nicht sehr fleißig.

no (me) parece que (es scheint [mir] nicht, dass)	*No me parece* ***que tengas*** *razón.* Es kommt mir nicht so vor, als ob du Recht hättest.
no es verdad que (es ist nicht wahr/ stimmt nicht, dass)	*No es verdad* ***que*** *el ministro* ***haya dicho*** *todo esto.* Es stimmt nicht, dass der Minister das alles gesagt hat.

2. *Subjuntivo* nach Verben des Sagens und Denkens: wenn sie verneint sind

Nach Verben des Sagens und Denkens steht normalerweise Indikativ:

La señora Gómez dice que Kristina ya ***ha salido****.*
Frau Gómez sagt, dass Kristina schon ausgegangen ist.

Subjuntivo kommt allerdings ins Spiel, wenn diese Verben verneint werden:

No digo *que Antonio* ***sea tonto****. Es solamente un poco vago.*
Ich sage (ja) nicht, dass Antonio dumm ist. Er ist nur ein wenig träge.

Auch dieser Sprachgebrauch ist zu erklären: Wenn ich beispielsweise das Verb *decir* verneine, stellt sich meine Äußerung nicht mehr als schlichte Tatsache dar, sondern wird ungewiss, zweifelhaft, fragwürdig. Und genau das drückt ein *Subjuntivo* bekanntlich aus.

Dasselbe gilt für Verben wie *pensar* («denken», «meinen»), *creer* («glauben») oder *afirmar* («versichern», «behaupten»):

Pienso *que* ***tienes*** *razón.* — Ich denke, dass du Recht hast.
No pienso *que* ***tengas*** *razón.* — Ich glaube nicht, dass du Recht hast.

Einige Verben, die an sich schon eine Unsicherheit oder einen Zweifel ausdrücken, haben dementsprechend immer *Subjuntivo* im Gefolge:

dudar (de) que (bezweifeln, dass)	*El ministro duda (de)* ***que*** *la situación económica de nuestra región* ***cambie*** *pronto.* Der Minister bezweifelt, dass sich die wirtschaftliche Situation unserer Region bald ändert.
negar que (abstreiten/leugnen, dass)	*Niega* ***que*** *ya* ***haya negociado*** *con los sindicatos.* Er streitet ab, dass er bereits mit den Gewerkschaften verhandelt hat.

ignorar que (nicht wissen, dass)	*La gente ignora **que** esto **sea** verdad.* Die Leute wissen nicht, dass das wahr ist.

3. *Subjuntivo* nach Konjunktionen der Zeit

Nach Konjunktionen der Zeit («wenn», «nachdem», «bevor» etc.) steht bekanntlich (vgl. SLE 27, Band I) *Subjuntivo*, wenn sie sich auf Zukünftiges beziehen:

*Puedes visitarme **cuando tengas tiempo.***
Du kannst mich besuchen, wenn du (irgendwann) Zeit hast.

Hier eine Übersicht über weitere Konjunktionen der Zeit, für die dasselbe gilt:

antes de que (bevor)	*Tenemos que negociar **antes de que** la situación económica de nuestra empresa **se deteriore**.* Wir müssen verhandeln, bevor sich die wirtschaftliche Situation unseres Unternehmens verschlechtert.
así que (sobald)	*Vamos a negociar **así que** los sindicatos **terminen** la huelga.* Wir werden verhandeln, sobald die Gewerkschaften den Streik beenden.
después de que (nachdem)	*Hablaremos de los sueldos **después de que** los sindicatos **hayan terminado** la huelga.* Wir werden über die Gehälter reden, nachdem die Gewerkschaften den Streik beendet haben (werden).
hasta que ([so lange] bis)	*No negociaremos **hasta que terminen** la huelga.* Wir werden nicht verhandeln, bis sie den Streik beenden.
mientras (que) (während)	*No negociaremos **mientras (que)** nuestros empleados **estén** en huelga.* Wir werden nicht verhandeln, während unsere Angestellten streiken.

In sämtlichen Beispielsätzen geht es um zukünftige Ereignisse: Man will verhandeln, bevor sich die wirtschaftliche Situation irgendwann verschlechtert, man ist nicht bereit zu verhandeln, bevor (zu einem noch nicht bekannten Zeitpunkt) der Streik beendet wird. Hieße es dagegen: «Es wurde verhandelt, nachdem der Streik beendet war», müsste Indikativ stehen.

4. *Subjuntivo* nach Konjunktionen der Bedingung und der Einschränkung

Nach bestimmten Konjunktionen, die eine Bedingung oder Einschränkung ausdrücken, steht ebenfalls *Subjuntivo:*

a condición (de) que (unter der Bedingung, dass)	*Vamos a negociar* ***a condición (de) que*** *los sindicatos* ***terminen*** *esta huelga.* Wir werden verhandeln, sofern die Gewerkschaften den Streik beenden.
siempre que (vorausgesetzt, dass)	*Podemos agrandar la empresa* ***siempre que*** *la situación económica no* ***cambie.*** Wir können den Betrieb vergrößern, vorausgesetzt, dass sich die wirtschaftliche Situation nicht ändert.
en (el) caso (de) que (im Falle, dass)	***En el caso de que haya*** *una huelga no seguiremos negociando.* Falls es einen Streik gibt, werden wir nicht weiterverhandeln.
a no ser que (es sei denn)	*Seguiremos negociando con los sindicatos* ***a no ser que se declaren*** *en huelga* Wir werden mit den Gewerkschaften weiterverhandeln, sofern sie nicht streiken.

Einen «Sonderfall» stellen die irrealen Bedingungssätze dar (vgl. SLE 38), von denen in SLE 46 die Rede sein wird.

Übung

Geben sie die folgenden Sätze bitte in Spanisch wieder:

1. Warte, bis ich zurückkomme *[volver]*.

   ____

2. Ich weiß, dass Antonio keine Arbeit hat.

   ____

3. Ich bedauere, dass Antonio keine Arbeit findet.

   ____

4. Es ist toll, dass Ihre Arbeit so interessant ist.

   ____

5. Es ist nicht zutreffend, dass der Präsident erkrankt [krank] ist.

   ____

6. Es kommt mir nicht so vor, als ob der Zug Verspätung hätte *[llevar retraso]*.

   ____

7. Ich sage nicht, dass unsere Firma wirtschaftliche Schwierigkeiten hat. Mir scheint jedoch, dass wir verhandeln müssen.

   ____

8. Es ist nicht so, als ob ich keine Lust hätte zu kommen. Ich habe leider keine Zeit.

   ____

9. Ich glaube nicht, dass Kristina noch in der Uni ist. Ich denke, sie ist zu Hause.

   ____

10. Es ist überflüssig, dass Sie Ihr Auto waschen. Ich denke, es wird regnen *[llover]*.

    ____

11. Man muss verhindern, dass alle diese kleinen Geschäfte schließen.

    ____

12. Wir empfehlen, dass unsere Kunden nichts im Auto zurücklassen *[dejar]*.

    ____

■ SLE 45: 1. Relativsätze mit *el/la cual, cuyo/cuya* *und lo que* 2. Hervorhebung von Satzteilen durch Relativsätze

1. Relativsätze mit *el/la cual, cuyo/cuya* und *lo que*

Was Sie schon kennen: das Relativpronomen *que*

In SLE 19, Band I haben Sie das Relativpronomen *que* kennen gelernt. Es ist das häufigste und vielseitigste von allen:

María, te presento al señor López ***que trabaja también en nuestra empresa.***
Maria, ich stelle dich Herrn López vor, **der ebenfalls in unserer Firma arbeitet**.

Das (unveränderliche) Relativpronomen *que* kann – wie in diesem Falle – **Subjekt** des Relativsatzes («wer oder was?») sein:

María, te presento al señor López. ***El señor López*** *trabaja también en nuestra empresa.*
María, te presento al señor López ***que*** *trabaja también en nuestra empresa.*

Es kann aber auch als **direktes Objekt** des Relativsatzes fungieren:

La torre alta ***que Vd. ve allí*** *es la Giralda.*
Der hohe Turm, **den Sie dort sehen**, ist die Giralda.

Hier das Schema:

La torre alta es la Giralda. Vd. ***la*** *ve allí. (Vd. ve allí* ***la Giralda****.)*
La torre alta *es la Giralda.*
que *Vd. ve allí*

Nach diesem *que* können Sie (meistens) mit «wen oder was?» fragen.

Wenn der Relativsatz über ein **indirektes Objekt** angeschlossen wird, steht außerdem die entsprechende Präposition und der (bestimmte) Artikel des Bezugswortes:

El *chico* ***con el que*** *está hablando Kristina es un amigo.*
Der junge Mann, **mit dem** Kristina spricht, ist ein Freund.

Bekanntlich heißt «mit jemandem sprechen» *hablar* **con** *alguien*. Folglich steht vor dem Relativpronomen *que* noch die Präposition *con*. Und da sich der Relativsatz auf *el chico* bezieht, kommt noch der Artikel *el* hinzu.

1.1. Das Relativpronomen *el/la cual:*

Im spanischen Spanisch *(castellano)* steht vor allem in gehobener Sprache oft *el cual / la cual*, wenn der Relativsatz mit einer Präposition angeschlossen wird:

La casa ***delante de la cual estamos*** *es muy antigua.*

(statt:) *La casa* ***delante de la que*** *estamos ...*

Das Haus, vor dem wir uns befinden, ist sehr alt.

Esta casa es muy antigua. ***Estamos delante de*** *la casa.*

La casa ***delante de la cual estamos*** *es muy antigua.*

Das Prinzip ist – wie Sie sehen – dasselbe: Zuerst kommt die Präposition *(delante de)*, dann der Artikel des Bezugswortes *(la casa → la)* und dann das Relativpronomen. Einziger Unterschied: Das Relativpronomen heißt hier nicht *que*, sondern *cual.*

Allerdings ist *el cual / la cual* – im Gegensatz zu *que* – veränderlich, denn es gibt eine Pluralform:

Las casas delante de las ***cuales*** *estamos son muy antiguas.*

Mit anderen Worten: Steht das Bezugswort in der Mehrzahl *(las casas)*, dann müssen Sie auch das Relativpronomen *(el/la) cual* in seine Pluralform *(los/las) cuales* setzen.

Bei Präpositionen, die aus mehreren Elementen bestehen (z.B. *delante de, detrás de*), verschmelzen das *de* und der Artikel *el* wie immer zu *del:*

El edificio detrás ***del*** *cual estamos es la universidad.*

Das Gebäude, hinter dem wir stehen, ist die Universität.

1.2. *Cuyo/cuya*

Oft kommen auch Relativsätze vor, deren Anschluss einem deutschen Genitiv entspricht: «... die Kollegin, **deren** Chef immer Ärger macht ...», «... der Junge, **dessen** Moped dauernd kaputt ist ...» und so weiter. In diesen Fällen steht im Spanischen der Relativbegleiter[1] *cuyo/cuya:*

Hoy he visto a Luis ***cuya*** *hermana está enferma.*

Heute habe ich Luis gesehen, **dessen** Schwester krank ist.

Haben Sie den Unterschied bemerkt? Der Relativbegleiter (hier *cuya*) wird, ebenso wie sein deutsches Gegenstück (hier «dessen»), angeglichen. Er richtet sich jedoch nicht – wie im Deutschen – nach dem Bezugswort im Hauptsatz («Luis, dessen ...»), sondern nach dem nachfolgenden Substantiv *(cuya* ***hermana****)*. Natürlich gibt es zu *cuyo / cuya* auch einen Plural, nämlich *cuyos* und *cuyas:*

1 Es handelt sich um einen «Begleiter», weil *cuyo/cuya* immer mit einem Substantiv zusammensteht.

Hoy he hablado con Ana ***cuyos hermanos*** *viven en Barcelona.*
Heute habe ich mit Ana gesprochen, **deren** Brüder in Barcelona leben.

Der Relativbegleiter steht diesmal im Plural *(cuyos)* und bezieht sich ganz offensichtlich nicht auf Ana, sondern ihre Brüder.

1.3. *Lo que*

Häufig wird das Relativpronomens *que* auch mit dem neutralen Artikel *lo* verbunden:

Mis amigos no acudieron a la cita, ***lo que*** *no me gustó.*
Meine Freunde kamen nicht zu unserer Verabredung, **was** mir nicht gefiel.

Das neutrale *lo que* bezieht sich hier auf den gesamten vorhergehenden Satz (die Freunde kamen nicht zur Verabredung) und wird im Deutschen meistens mit «was» wiedergegeben. Es kann auch ganz am Anfang eines neuen Satzes stehen:

Lo que *no me gusta son las personas informales.*
Was ich nicht mag, sind unzuverlässige Menschen.

Außerdem bezieht sich *lo que* oft auf neutrale Ausdrücke wie *todo* oder auch *esto*:

Es esto ***lo que*** *no me gusta.* — Das ist es, was mir nicht gefällt.
Es todo ***lo que*** *hacen.* — Das ist alles, was sie tun.

Fazit: Dem deutschen «was» am Beginn eines Nebensatzes entspricht im Spanischen oft die Folge *lo que.*

2. Hervorhebung von Satzteilen durch Relativpronomen

Was Sie schon kennen: Hervorhebung von Pronomen

Dass Sie im Spanischen irgendein Satzteil nicht hervorheben können, indem Sie es – wie im Deutschen – ganz einfach betonen (z.B. «**Dieser** Mensch kann mir gestohlen bleiben!» oder «Dieser Mensch kann **mir** gestohlen bleiben!»), wissen Sie. Sie müssen immer irgendein Element hinzufügen oder den Satz sogar umbauen. Die einfachste Methode (im spanischen Spanisch) ist, ein Personalpronomen zu setzen:

Yo *no quiero salir hoy.* — **Ich** will heute nicht ausgehen.

Soll ein **Objektpronomen** betont werden, stellen Sie ebenfalls das entsprechende Personalpronomen zusätzlich an den Satzanfang:

A él *no* ***le*** *gusta salir hoy.* — (etwa:) **Ihm** macht es heute keinen Spaß, auszugehen.

Allerdings müssen Sie daran denken, statt *yo* oder *tú* die Formen *mí* und *ti* zu setzen:

*A **mí** no **me** gusta salir hoy.* — **Ich** habe heute keine Lust, auszugehen.

Auf ähnliche Weise können Sie Objekte hervorheben, die Substantive sind:

***Las entradas,** ya **las** he comprado.* (statt:) *Ya he comprado las entradas.*
(etwa:) Die Eintrittskarten habe ich schon gekauft.

Sie stellen das Objekt an den Satzanfang, müssen allerdings daran denken, es im Satz zusätzlich durch ein Objektpronomen (hier *las*) aufzunehmen.

2.1. Relativsätze zur Hervorhebung von Satzteilen: mit Hilfe von *ser* und *que*

Wenn Sie ein **Subjekt** betonen wollen, stellen Sie es ganz einfach zwischen eine Form von *ser* und das Relativpronomen *que*:

***Es Kristina que** acaba de llegar.* (anstelle von:) *Kristina acaba de llegar.*
(etwa:) **Kristina** ist gerade angekommen.

Sie müssen allerdings daran denken, die Form von *ser* und (meistens) auch das Verb im Relativsatz an die betreffende Person anzugleichen:

***Eres tú** que no **has** venido.* (anstelle von:) *(Tú) no has venido.*
(etwa:) **Du** bist nicht gekommen.

Ein **Objekt**, das Sie mit Hilfe eines Relativsatzes betonen wollen, steht ebenfalls wieder am Satzanfang. Außer *ser* und *que* müssen Sie noch den bestimmten Artikel dieses Objektes setzen:

***Es** este libro **el que** busco.* (anstelle von:) *Busco este libro.*
(etwa:) **Dieses Buch** suche ich.

Zu diesem Satz gibt es übrigens zwei Varianten (*Este libro es el que busco* bzw. *Es este el libro que busco*), aber es genügt natürlich, wenn Sie eine der drei Möglichkeiten kennen.

Wenn vor dem Objekt eine Präposition steht, dürfen Sie diese nicht unterschlagen:

***Es a** Kristina **a la cual** está escribiendo esta carta.*
(anstelle von:) *Está escribiendo esta carta **a** Kristina.*
Er schreibt gerade **Kristina** diesen Brief.

Das Objekt behält seine Präposition *(a Kristina)*, die außerdem noch einmal vor dem Relativpronomen auftaucht *(a la cual)*.

Übungen

A. Ergänzen Sie bitte die Relativpronomen (und alles, was dazugehört):

1. *La calle ____________________ vive Kristina es una calle muy bonita.*
2. *Hay muchas casas pequeñas ____________________ hay un jardín.*
3. *A Kristina ____________________ vecinos son personas muy simpáticas le gusta mucho vivir en esta calle.*
4. *____________________ no le gusta es el ruido que viene de la autopista.*
5. *En esta autopista ____________________ pasa muy cerca de la cuidad hay siempre una circulación enorme.*
6. *A cien metros de su piso hay un supermercado ____________________ puede comprar todo ____________________ necesita.*
7. *____________________ Kristina no necesita es un coche.*
8. *Unos amigos ____________________ viven en el mismo barrio* [Stadtviertel] *tienen un coche ____________________ van a la oficina.*
9. *Para ir a la universidad Kristina prefiere coger el autobús ____________________ pasa muy cerca de su piso.*
10. *Hay también un parque por ____________________ Kristina pasea de vez en cuando.*

B. Heben Sie bitte die unterstrichenen Satzteile hervor:

1. *No <u>me</u> gusta viajar en autobús. Prefiero el tren.*

   ____

2. *Ya tengo <u>el billete</u>.*

   ____

3. *Hoy no he visto <u>a Juan</u>.*

   ____

4. *<u>(Tú)</u> no tienes ganas de venir.*

   ____

5. *Juan piensa todos los días <u>en Kristina</u>.*

   ____

■ SLE 46: 1. *Imperfecto* und 2. Plusquamperfekt des *Subjuntivo*

Was Sie schon kennen: *Subjuntivo* Präsens und *Compuesto*

In SLE 27 (BandI) haben Sie das Präsens, in SLE 43 das *Compuesto* des *Subjuntivo* kennen gelernt. Hier zunächst noch einmal der Überblick über die (regelmäßigen) Formen des *Subjuntivo* Präsens (meistens wird nur ein einziger Vokal in der Endung ausgetauscht):

Verben auf -ar		Verben auf *-er*		Verben auf *-ir*	
Präsens	***Subjuntivo***	**Präsens**	***Subjuntivo***	**Präsens**	***Subjuntivo***
*tom**o***	*tom**e***	*com**o***	*com**a***	*viv**o***	*viv**a***
*tom**as***	*tom**es***	*com**es***	*com**as***	*viv**es***	*viv**as***
*tom**a***	*tom**e***	*com**e***	*com**a***	*viv**e***	*viv**a***
*tom**amos***	*tom**emos***	*com**emos***	*com**amos***	*viv**imos***	*viv**amos***
*tom**áis***	*tom**éis***	*com**éis***	*com**áis***	*viv**ís***	*viv**áis***
*tom**an***	*tom**en***	*com**en***	*com**an***	*viv**en***	*viv**an***

Dabei wird das *a* der Verben auf *-ar* zu *e (tom**a**s → tom**e**s)* und das *e* oder *i* der anderen regelmäßigen Verben zu *a (com**e**s → com**a**s, viv**e**s → viv**a**s).* Die im *Subjuntivo* Präsens unregelmäßigen Verben lassen sich oft von der – ebenfalls unregelmäßigen – Ich-Form Präsens ableiten *(ten**go** →**tenga*** etc.)

Ein *Compuesto* des *Subjuntivo* bilden Sie im Prinzip wie das «normale» *Compuesto* (also *haber* + Partizip), wobei Sie das Hilfsverb ins Präsens des *Subjuntivo* setzen:

Person:	**Hilfsverb *haber* im *Subjuntivo:***	**Partizip** (hier von *estar*)
(yo)	***haya***	*estado*
(tú)	***hayas***	*estado*
(él/ella/Vd.)	***haya***	*estado*
(nosotros/-as)	***hayamos***	*estado*
(vosotros/-as)	***hayáis***	*estado*
(ellos/ellas/Vds.)	***hayan***	*estado*

So können Sie in einem Nebensatz mit *Subjuntivo* eine Vorzeitigkeit ausdrücken – vorausgesetzt, der Hauptsatz steht im Präsens, im Futur oder im *Compuesto:*

*Me alegro de que **hayas venido**.* — Ich freue mich, dass du **gekommen bist**.

Steht der Hauptsatz allerdings im *Indefinido*, im *Imperfecto* oder im Plusquamperfekt (z. B. «Kristina freute sich, dass ihre Freunde kamen»), müssen Sie im Nebensatz ein *Imperfecto* oder Plusquamperfekt des *Subjuntivo* setzen (vgl. SLE 50). Dieselben Zeiten benötigen Sie, wenn es um Aussagen geht, die irrealen Charakter haben (vgl. SLE 47).

1. *Imperfecto* des *Subjuntivo*

Ein alter Schmachtfetzen aus den vierziger oder fünfziger Jahren beginnt mit den Worten:

> *Bésame, bésame mucho, como si* ***fuera*** *esta noche la última vez ...*
> (etwa:) Küsse mich inbrünstig, so als ob es diese Nacht das letzte Mal **wäre** ...

Sie haben die Feinheiten sicherlich mitbekommen: Hier wird nicht etwa gesagt, dass es sich wirklich um die letzte gemeinsame Nacht des Paares handelt. Die angesprochene Person soll sich lediglich so verhalten, als ob es in der Beziehung kein Danach gäbe, als ob diese Nacht die Letzte **wäre**. Es wird also etwas Irreales ausgedrückt. Deswegen steht *Imperfecto* des *Subjuntivo.*

Falls Ihnen die Form *fuera* bekannt vorkommt, ist das kein Zufall. Zumindest die erste Hälfte haben Sie immer wieder gelesen (und hoffentlich auch benutzt). In welcher Zeit doch gleich? Richtig, im *Indefinido.* Mit anderen Worten: Das *Imperfecto de subjuntivo* wird vom *Indefinido* abgeleitet! Wie lauteten diese Formen von *ser* (und *ir*) doch gleich?

***Indefinido* von**	***ser* und *ir***
(yo)	*fui*
(tú)	*fuiste*
(él/ella/Vd.)	*fue*
(nosotros/-as)	*fuimos*
(vosotros/-as)	*fuisteis*
(ellos/ellas/Vds)	***fue**ron*

Hat man erst einmal die gesamte «Liste» vor Augen, dann erkennt man auch gleich, von welcher *Indefinido-Form* das *Imperfecto de subjuntivo* abgeleitet wird: nämlich von der dritten Person Mehrzahl (hier also *fueron*). Das gilt übrigens durchgehend für sämtliche regelmäßigen und unregelmäßigen Verben.

Mit anderen Worten: Sie müssen nur ein paar neue Endungen lernen, die Sie an den bekannten Stamm hängen.

Sehen wir uns dazu ein regelmäßiges Verb an, nämlich *tomar*:

***Indefinido* von**	***tomar***
(yo)	*tomé*
(tú)	*tomaste*
(él/ella/Vd.)	*tomó*
(nosotros/-as)	*tomamos*
(vosotros/-as)	*tomasteis*
(ellos/ellas/Vds)	***toma**ron*

Wir trennen wie immer Stamm und Endung voneinander *(toma-ron)* und hängen andere Endungen an den Stamm:

Verbstamm im ***Indefinido***	Endungen		komplette Formen
toma-	***-ra***	*(yo)*	*toma**ra***
	-ras	*(tú)*	*toma**ras***
	-ra	*(él/ella/Vd.)*	*toma**ra***
	-ramos	*(nosotros/as)*	*tom**áramos***
	-rais	*(vosotros/as)*	*toma**rais***
	-ran	*(ellos/ellas/Vds.)*	*toma**ran***

Sie ersetzen also das *-ron* der 3. Person Plural *Indefinido* durch die entsprechenden Endungen des *Imperfecto de subjuntivo.* Der Akzent in der Wir-Form *(tom**á**ramos)* ist notwendig, damit sich die Betonung nicht auf die Endung verschiebt.

Hier je ein Verb auf *-er* und *-ir (aprender* und *vivir).* Unsere Basisformen (3. Person Mehrzahl *Indefinido*) lauten:

aprender	*vivir*
***aprendie**ron*	***vivie**ron*

Folglich kann das *Imperfecto de subjuntivo* nur folgendermaßen aussehen:

Verbstamm im ***Indefinido***	Endungen		komplette Formen
aprendie-	***-ra***	*(yo)*	***aprendiera***
	-ras	*(tú)*	*aprendieras*
	-ra	*(él/ella/Vd.)*	*aprendiera*
	-ramos	*(nosotros/as)*	*aprendiéramos*
	-rais	*(vosotros/as)*	*aprendierais*
	-ran	*(ellos/ellas/Vds.)*	*aprendieran*

Verbstamm im ***Indefinido***	Endungen		komplette Formen
vivie-	***-ra***	*(yo)*	***viviera***
	-ras	*(tú)*	*vivieras*
	-ra	*(él/ella/Vd.)*	*viviera*
	-ramos	*(nosotros/as)*	*viviéramos*
	-rais	*(vosotros/as)*	*vivierais*
	-ran	*(ellos/ellas/Vds.)*	*vivieran*

Nicht anders liegt der Fall bei den (im *Indefinido*) unregelmäßigen Verben. Hier zunächst noch einmal unser Anfangsbeispiel *ser* (bzw. *ir*):

Verbstamm im ***Indefinido***	Endungen		komplette Formen
fue-	***-ra***	*(yo)*	***fuera***
	-ras	*(tú)*	*fueras*
	-ra	*(él/ella/Vd.)*	*fuera*
	-ramos	*(nosotros/as)*	*fuéramos*
	-rais	*(vosotros/as)*	*fuerais*
	-ran	*(ellos/ellas/Vds.)*	*fueran*

Ebenso alle anderen (die Striche unter einzelnen Vokalen markieren die Betonung):

	andar (laufen, gehen)		***caer*** (fallen)
Basisform (3. Plural *Indefinido*)	*and**uvi<u>e</u>ron***	Basisform (3. Plural *Indefinido*)	*ca**y**<u>e</u>ron*
(yo)	*and**uvi<u>e</u>ra***	*(yo)*	*ca**y**<u>e</u>ra*
(tú)	*and**uvi<u>e</u>ras***	*(tú)*	*ca**y**<u>e</u>ras*
(él/ella/Vd.)	*and**uvi<u>e</u>ra***	*(él/ella/Vd.)*	*ca**y**<u>e</u>ra*
(nosotros/-as)	*and**uvi<u>é</u>ramos***	*(nosotros/-as)*	*ca**y**<u>é</u>ramos*
(vosotros/-as)	*and**uvi<u>e</u>rais***	*(vosotros/-as)*	*ca**y**<u>e</u>rais*
(ellos/ellas/ Vds.)	*and**uvi<u>e</u>ran***	*(ellos/ellas/Vds.)*	*ca**y**<u>e</u>ran*

	conducir (führen, lenken)		***dar*** (geben)
Basisform (3. Plural *Indefinido*)	*condu**je**ron*	Basisform (3. Plural *Indefinido*)	*die**ron*
(yo)	*condu**jera***	*(yo)*	*diera*
(tú)	*condu**jeras***	*(tú)*	*dieras*
(él/ella/Vd.)	*condu**jera***	*(él/ella/Vd.)*	*diera*
(nosotros/-as)	*condu**jéramos***	*(nosotros/-as)*	***diéramos***
(vosotros/-as)	*condu**jerais***	*(vosotros/-as)*	*dierais*
(ellos/ellas/Vds.)	*condu**jeran***	*(ellos/ellas/Vds.)*	*dieran*

	decir (sagen)		***estar*** (s.befinden, sein)
Basisform (3.Plural *Indefinido*)	*di**je**ron*	Basisform (3. Plural *Indefinido*)	*es**tuvie**ron*
(yo)	*di**je**ra*	*(yo)*	*es**tuvie**ra*
(tú)	*di**je**ras*	*(tú)*	*es**tuvie**ras*
(él/ella/Vd.)	*di**je**ra*	*(él/ella/Vd.)*	*es**tuvie**ra*
(nosotros/-as)	***dijéramos***	*(nosotros/-as)*	*es**tuvié**ramos*
(vosotros/-as)	*di**je**rais*	*(vosotros/-as)*	*es**tuvie**rais*
(ellos/ellas/Vds.)	*di**je**ran*	*(ellos/ellas/Vds.)*	*es**tuvie**ran*

	haber		***hacer*** (tun, machen)
Basisform (3. Plural *Indefinido*)	***hubie**ron*	Basisform (3. Plural *Indefinido*)	***hicie**ron*
(yo)	*hu**bi**era*	*(yo)*	*hi**ci**era*
(tú)	*hu**bi**eras*	*(tú)*	*hi**ci**eras*
(él/ella/Vd.)	*hu**bi**era*	*(él/ella/Vd.)*	*hi**ci**era*
(nosotros/-as)	*hu**bi**éramos*	*(nosotros/-as)*	*hi**ci**éramos*
(vosotros/-as)	*hu**bi**erais*	*(vosotros/-as)*	*hi**ci**erais*
(ellos/ellas/Vds.)	*hu**bi**eran*	*(ellos/ellas/Vds.)*	*hi**ci**eran*

	ir (gehen) ***ser*** (sein)		***oír*** (hören)
Basisform (3. Plural *Indefinido*)	***fueron***	Basisform (3. Plural *Indefinido*)	*oyeron*
(yo)	***fuera***	*(yo)*	*oyera*
(tú)	***fueras***	*(tú)*	*oyeras*
(él/ella/Vd.)	***fuera***	*(él/ella/Vd.)*	*oyera*
(nosotros/-as)	***fuéramos***	*(nosotros/-as)*	*oyéramos*
(vosotros/-as)	***fuerais***	*(vosotros/-as)*	*oyerais*
(ellos/ellas/Vds.)	***fueran***	*(ellos/ellas/Vds.)*	*oyeran*

	poder (können, dürfen)		***poner*** (legen, stellen)
Basisform (3. Plural *Indefinido*)	*pudieron*	Basisform (3. Plural *Indefinido*)	*pusieron*
(yo)	*pudiera*	*(yo)*	*pusiera*
(tú)	*pudieras*	*(tú)*	*pusieras*
(él/ella/Vd.)	*pudiera*	*(él/ella/Vd.)*	*pusiera*
(nosotros/-as)	*pudiéramos*	*(nosotros/-as)*	*pusiéramos*
(vosotros/-as)	*pudierais*	*(vosotros/-as)*	*pusierais*
(ellos/ellas/Vds.)	*pudieran*	*(ellos/ellas/Vds.)*	*pusieran*

	querer (wollen,lieben)		***reír*** (lachen)
Basisform (3. Plural *Indefinido*)	*quisieron*	Basisform (3. Plural *Indefinido*)	*rieron*
(yo)	*quisiera*	*(yo)*	*riera*
(tú)	*quisieras*	*(tú)*	*rieras*
(él/ella/Vd.)	*quisiera*	*(él/ella/Vd.)*	*riera*
(nosotros/-as)	*quisiéramos*	*(nosotros/-as)*	*riéramos*
(vosotros/-as)	*quisierais*	*(vosotros/-as)*	*rierais*
(ellos/ellas/Vds.)	*quisieran*	*(ellos/ellas/Vds.)*	*rieran*

	saber (wissen, können)		***tener*** (haben, halten)
Basisform (3. Plural *Indefinido*)	***supi**eron*	Basisform (3. Plural *Indefinido*)	***tuvi**eron*
(yo)	***supi**era*	*(yo)*	***tuvi**era*
(tú)	***supi**eras*	*(tú)*	***tuvi**eras*
(él/ella/Vd.)	***supi**era*	*(él/ella/Vd.)*	***tuvi**era*
(nosotros -as)	***supi**éramos*	*(nosotros/-as)*	***tuvi**éramos*
(vosotros/-as)	***supi**erais*	*(vosotros/-as)*	***tuvi**erais*
(ellos/ellas/Vds.)	***supi**eran*	*(ellos/ellas/Vds.)*	***tuvi**eran*

	traer (bringen)		***venir*** (kommen)
Basisform (3. Plural *Indefinido*)	*traj**eron***	Basisform (3. Plural *Indefinido*)	*vinieron*
(yo)	*traj**era***	*(yo)*	*viniera*
(tú)	*traj**eras***	*(tú)*	*vinieras*
(él/ella/Vd.)	*traj**era***	*(él/ella/Vd.)*	*viniera*
(nosotros/-as)	*traj**éramos***	*(nosotros -as)*	*viniéramos*
(vosotros/-as)	*traj**erais***	*(vosotros/-as)*	*vinierais*
(ellos/ellas/Vds.)	*traj**eran***	*(ellos/ellas/Vds.)*	*vinieran*

	ver (sehen)
Basisform (3. Plural *Indefinido*)	*vieron*
(yo)	*viera*
(tú)	*vieras*
(él/ella/Vd.)	*viera*
(nosotros/-as)	*viéramos*
(vosotros/-as)	*vierais*
(ellos/ellas/Vds.)	*vieran*

2. Plusquamperfekt des *Subjuntivo:* altbekanntes Prinzip

Nehmen wir einmal an, der Lover aus unserer eingangs zitierten Schnulze berichtete am nächsten Morgen: «Sie hat mich so inbrünstig geküsst, als ob es das letzte Mal **gewesen wäre**.» In diesem Fall müsste im Spanischen ein Plusquamperfekt des *Subjuntivo* stehen.

Also noch mehr neue Verbformen! – werden Sie jetzt seufzen. Dem ist jedoch nicht so. Das *Pluscuamperfecto* des *Subjuntivo* wird nämlich im Prinzip genauso wie das *Compuesto* gebildet – nämlich aus einer Form von *haber* + Partizip des eigentlichen Verbs. Diesmal steht das Hilfsverb *haber* jedoch nicht im Präsens (wie beim *Compuesto*), sondern – dreimal dürfen Sie raten! – im *Imperfecto* des *Subjuntivo.* Statt etwa *he dicho* heißt es dann ***hubiera dicho.***

Hier zunächst noch einmal die *Subjuntivo Imperfecto*-Formen von *haber:*

	haber
(yo)	***hub**iera*
(tú)	***hub**ieras*
(él/ella/Vd.)	***hub**iera*
(nosotros/-as)	***hub**iéramos*
(vosotros/-as)	***hub**ierais*
(ellos/ellas/Vds.)	***hub**ieran*

Sie kombinieren diese Formen also mit dem Partizip des entsprechenden Verbs und erhalten das Plusquamperfekt des *Subjuntivo*:

Person	**Hilfsverb *haber* im *Subjuntivo*** *(Imperfecto)*	**Partizip** (hier von *estar*)
(yo)	***hub**iera*	*estado*
(tú)	***hub**ieras*	*estado*
(él/ella/Vd.)	***hub**iera*	*estado*
(nosotros/-as)	***hub**iéramos*	*estado*
(vosotros/-as)	***hub**ierais*	*estado*
(ellos/ellas/Vds.)	***hub**ieran*	*estado*

Das war's dann auch schon zum Thema Plusquamperfekt des *Subjuntivo.* Wozu Sie diese Formen – *Imperfecto* und Plusquamperfekt des *Subjuntivo* – am häufigsten brauchen, können Sie sich denken: zum Ausdruck irrealer Bedingungen! Doch dazu mehr in der nächsten SLE.

☝Wenn Sie's noch genauer wissen wollen: Doppelungen

Leider sind das *Imperfecto* und das Plusquamperfekt des *Subjuntivo* eine Art «doppeltes Lottchen»: Sie existieren in zwei Ausführungen. Wir haben Ihnen – wie immer – zunächst die häufigere Variante vorgestellt. Die «Parallelversion» wird genauso abgeleitet (nämlich von der 3. Person Mehrzahl des *Indefinido*), sie hat nur andere Endungen. Hier zu Ihrer Information ein Überblick über die entsprechenden Formen von *tomar:*

Verbstamm im ***Indefinido***	Endungen		komplette Formen
toma-	***-se***	*(yo)*	*toma**se***
	-ses	*(tú)*	*toma**ses***
	-se	*(él/ella/Vd.)*	*toma**se***
	-semos	*(nosotros/as)*	*tom**ásemos***
	-seis	*(vosotros/as)*	*toma**seis***
	-sen	*(ellos/ellas/Vds.)*	*toma**sen***

Es kann durchaus sein, dass Sie diese Formen einmal hören oder lesen – selbst benutzen müssen Sie sie nicht!

Beim Plusquamperfekt des *Subjuntivo* kann das Hilfsverb *haber* ebenfalls diese Endungen erhalten:

Person	**Hilfsverb** *haber* **im** *Subjuntivo (Imperfecto)*	**Partizip** (hier von *estar*)
(yo)	*hubie**se***	*estado*
(tú)	*hubie**ses***	*estado*
(él/ella/Vd.)	*hubie**se***	*estado*
(nosotros/-as)	*hubié**semos***	*estado*
(vosotros/-as)	*hubie**seis***	*estado*
(ellos/ellas/Vds.)	*hubie**sen***	*estado*

Übung:

Setzen Sie bitte die folgenden Präsensformen ins *Imperfecto* und Plusquamperfekt des *Subjuntivo:*

Beispiel:

tomo **tomara, hubiera tomado**

1. *llevas* ______________________
2. *vienen* ______________________
3. *leo* ______________________
4. *ofrecen* ______________________
5. *doy* ______________________
6. *escribes* ______________________
7. *volvéis* ______________________
8. *traigo* ______________________
9. *dice* ______________________
10. *llegan* ______________________
11. *vendemos* ______________________
12. *tienes* ______________________
13. *está* ______________________
14. *sois* ______________________
15. *pongo* ______________________
16. *puedo* ______________________
17. *sé* ______________________
18. *trabajamos* ______________________
19. *siento* ______________________
20. *duermen* ______________________
21. *recibes* ______________________
22. *quieres* ______________________
23. *conoces* ______________________
24. *hace* ______________________

■ SLE 47: **Irreale Bedingungen**

Was Sie schon kennen: die Grundformen der Bedingung und reale Bedingungssätze im Spanischen

In SLE 38.2 haben Sie die Grundformen der Bedingung kennen gelernt. Wir dürfen sie Ihnen trotzdem noch einmal ins Gedächtnis rufen:

Reale Bedingung ⇨	Wenn es heute keinen Regen gibt, mache ich einen Spaziergang.
Irreale Bedingung (Gegenwart) ⇨	Wenn es heute nicht regnete/regnen würde, würde ich einen Spaziergang machen (aber es regnet ja).
Irreale Bedingung (Vergangenheit) ⇨	Wenn es gestern nicht geregnet hätte, hätte ich einen Spaziergang gemacht (es hat aber den ganzen Tag geschüttet).

Bei einer realen Bedingung ist nicht klar, ob die im Hauptsatz angekündigte Folge eintritt oder nicht: Der angekündigte Spaziergang wird nur stattfinden, wenn es nicht regnet, und die Zukunft liegt wie immer im Dunkeln. Es kann also sein, dass es nicht regnet (dann geht es hinaus ins Freie), aber auch, dass es anfängt zu regnen (dann wird der Spaziergang abgeblasen).

Eine irreale Bedingung der Gegenwart drückt dagegen etwas aus, das (vielleicht auch nur in der Einschätzung des Sprechers) nicht eintreffen wird: Da es regnet, kommt auch kein Spaziergang in Frage.

Dasselbe ist für die Vergangenheit möglich: Es hat gestern geregnet, folglich blieb ich hinter meinem Ofen hocken. Von spazieren gehen war keine Rede, meine Äußerung hat irrealen Charakter, bezieht sich aber auf die Vergangenheit.

Oft werden die beiden irrealen Formen auch miteinander kombiniert. Dann liegt ein Teil in der Vergangenheit, der andere in der Gegenwart, beide sind aber gleichermaßen irreal («Wenn ich gestern nicht so viel getrunken hätte, hätte ich jetzt keinen Kater!»).

Reale Bedingungen können Sie inzwischen ausdrücken, denn hier stehen im Prinzip dieselben Zeiten wie im Deutschen:

***Si no llueve, daré** un paseo.*

Wenn es nicht regnet, mache ich einen Spaziergang / werde ich einen Spaziergang machen.

Sollen hingegen irreale Bedingungen ausgedrückt werden, dann benötigen Sie (unter anderem) die *Subjuntivo*-Formen, die Sie in der letzten SLE kennen gelernt haben.

1. Irreale Bedingungen der Gegenwart

Im Spanischen würde das «irreale Gegenstück» zu unserem ersten Beispiel folgendermaßen lauten:

Si no ***lloviera, daría*** *un paseo.*
Wenn es nicht **regnen würde, würde ich** einen Spaziergang **machen.**

In dem eigentlichen Bedingungssatz (der mit *si* anfängt), steht also *Imperfecto* des *Subjuntivo,* im Hauptsatz Konditional (I). Hier gleich ein weiteres Beispiel:

Si lo ***supiera,*** *lo* ***diría.*** — **Wenn ich es wüsste, würde** ich es **sagen.**

Da ich es nicht weiß, kann ich es auch nicht sagen.

2. Irreale Bedingungen der Vergangenheit

Wenn Sie eine irreale Bedingung der Vergangenheit ausdrücken wollen, kommt logischerweise das Plusquamperfekt des *Subjuntivo* zum Einsatz:

Si no ***hubiera llovido*** *ayer,* ***habría dado*** *un paseo.*
Wenn es gestern nicht **geregnet hätte, hätte ich** einen Spaziergang **gemacht.**

Im eigentlichen Bedingungssatz steht ein Plusquamperfekt des *Subjuntivo,* im Hauptsatz ein Konditional II. Sie können allerdings auch in beiden Teilen ein Plusquamperfekt des *Subjuntivo* setzen:

Si no ***hubiera llovido*** *ayer,* ***hubiera dado*** *un paseo.*

Hier noch ein zweites Beispiel:

Si ***hubiéramos invitado*** *a Luis,* ***habría venido.***
Si ***hubiéramos invitado*** *a Luis,* ***hubiera venido.***
Wenn wir Luis **eingeladen hätten, wäre er gekommen.**

Luis wurde aber nicht eingeladen, folglich ist er auch nicht anwesend.

3. Irreale Bedingungen der Vergangenheit und Gegenwart in einem Satz

Je nach Wunsch und Sinn können Sie beide Formen natürlich auch mischen:

Si le ***hubiéramos invitado, vendría*** *hoy.*
Wenn wir ihn (vorher) **eingeladen hätten, würde er** heute **kommen.**

Hier liegt die (nicht erfolgte, daher irreale) Einladung in der Vergangenheit, die Konsequenz daraus (die Nicht-Anwesenheit) aber in der Gegenwart. Logischerweise steht im eigentlichen Bedingungssatz ein Plusquamperfekt des *Subjuntivo*, im Hauptsatz aber Konditional (I). Auch der umgekehrte Fall ist natürlich denkbar:

Si lo ***supiera,*** *lo* ***habría/hubiera dicho.***
Wenn er es (jetzt immer noch) **wüsste, hätte er** es (vorhin schon) **gesagt.**

Ebenso logischerweise steht jetzt im *si*-Satz ein *Imperfecto* des *Subjuntivo* (denn er drückt etwas gegenwärtig Irreales aus), im Hauptsatz ein Plusquamperfekt des *Subjuntivo* – hier geht es ja um etwas Vergangenes, das irreal ist, also nicht stattgefunden hat: Es wurde nichts gesagt!

☝Wenn Sie's noch genauer wissen wollen ...

Auch zum Ausdruck irrealer Bedingungen können natürlich die «Zweitformen» des *Imperfecto* und Plusquamperfekt *Subjuntivo* (die auf *-se*) gesetzt werden:

Si lo ***supiese****, lo diría. — Si* ***hubiésemos invitado*** *a Luis,* ***hubiese venido****.*

Auch diese Variante brauchen Sie natürlich nicht aktiv zu beherrschen, Sie sollten lediglich Bescheid wissen, falls solche Sätze einmal vorkommen.

Übung

Geben Sie die folgenden Sätze bitte in Spanisch wieder:

1. Wenn ich Geld hätte, würde ich ein Auto kaufen.

   ____

2. Wenn ich Geld gehabt hätte, wäre ich nach Spanien gefahren [gereist].

   ____

3. Wenn ich kein Geld verdienen *[ganar dinero]* kann, kann ich nicht nach Spanien fahren.

   ____

4. Wenn Kristina zu Hause geblieben wäre *[quedarse en casa],* hätte sie Luis nicht getroffen *[encontrar].*

   ____

5. Wenn Luis gearbeitet hätte, könnte er sich [jetzt] ein Auto kaufen.

   ____

■ SLE 48: **Indefinita**

Was Sie schon kennen: *unos/unas,* und *todo/a*

Unter dem Begriff «Indefinita» fasst man Wörter wie «etwas», «jede/r», «jemand», «nichts», «irgendeine/r», «verschiedene» etc. zusammen. Die meisten davon sind Ihnen irgendwann vor Augen gekommen, in dieser SLE geht es darum, Ordnung in das Durcheinander zu bringen. Bereits vorgestellt wurden Ihnen die Indefinita *unos / unas* (in SLE 6.2, Band I) und *todo/toda* (in SLE 24.2, Band I):

Kristina habla con ***unos*** *amigos y* ***unas*** *amigas.*
Kristina spricht mit **einigen** Freunden und **einigen** Freundinnen.

Bei *unos/unas* handelt es sich um nichts anderes als die Mehrzahl des unbestimmten Artikels *un/una* – mit der Bedeutung «einige».

Etwas komplizierter ist der Gebrauch von *todo:*

Kristina está ***todo el*** *día en la universidad.* ***Toda la*** *semana trabaja en la biblioteca.*
Kristina ist **den ganzen** Tag über an der Uni. Sie arbeitet **die ganze** Woche in der Bibliothek.

Todo estudiante *necesita los libros que están en la biblioteca.*
Jeder Student braucht die Bücher, die in der Bibliothek stehen.

Todos los estudiantes *trabajan en la biblioteca.*
Alle Studenten arbeiten in der Bibliothek.

Wenn *todo/a* mit einem Substantiv zusammensteht, bedeutet es in der Einzahl «ganz» oder «jede/r»: Folgt ein bestimmter Artikel *(todo* ***el*** *día),* entspricht es einem deutschen «ganz» (hier: «den ganzen Tag»), steht es direkt vor dem Substantiv *(**todo** estudiante),* ist die Bedeutung «jede/r».

In der Mehrzahl bedeutet *todo* meistens «alle» *(**todos** los estudiantes)*, manchmal auch «jede/r». **Ohne Substantiv** ändert sich die Bedeutung erneut, diesmal zu «alles»:

¿Es ***todo****? – Eso es, es todo.* — Ist das **alles?** – Ja, das ist alles.

Das heißt: Je nach Satz kann so ein *todo* also «ganz», «jeder», «alle» oder «alles» bedeuten – Sie müssen im Zweifelsfall genau hinschauen.

1. «Jemand» und «niemand»: *alguien* und *nadie*

Für «jemand» und «niemand» stehen im Spanischen die Pronomen *alguien* bzw. *(no ...) nadie* (das Sie von den Verneinungen – SLE 18, Band I – her kennen):

¿Hay ***alguien*** *en esta casa? – No, no hay* ***nadie****.*
Ist **jemand** in diesem Haus? – Nein, es ist **niemand** da.

2. «Irgendein» / «einige» und «kein»: *alguno/a* und *ninguno/a*

Für «irgendein» und «kein» gibt es *alguno/a* bzw. *ninguno/a.* Beide können als Begleiter fungieren und stehen dann immer mit einem Substantiv zusammen. Sie können aber auch – als Pronomen – ohne das zugehörige Substantiv stehen[1]:

Kristina busca ***alguna*** *cabina telefónica. Pero no encuentra* ***ninguna****.*
Kristina sucht **irgendeine** Telefonzelle. Aber sie findet **keine**.

In diesen beiden Beispielsätzen ist *alguna* Begleiter (denn es ist mit *cabina telefónica* verbunden, *ninguna* hingegen ein Pronomen, denn es wird ohne das dazugehörige Bezugswort gebraucht. Stehen beide als Begleiter unmittelbar vor einem maskulinen Substantiv, entfällt – genau wie bei bestimmten Adjektiven (vgl. SLE 29, Band I) – das *o.* Gleichzeitig taucht ein Akzent auf, damit sich die Betonung nicht verschiebt:

Hoy no he visto a ***ningún*** *amigo.* — Heute habe ich keinen einzigen Freund gesehen.

Die Mehrzahl *algunos / algunas* hat logischerweise eine andere Bedeutung:

Algunos *días Kristina compra* ***algunos*** *libros en la ciudad.*
An **manchen** Tagen kauft Kristina **einige** Bücher in der Stadt.

Beide Indefinita können sich – wie die Beispiele zeigen – auf Personen und Sachen beziehen. Wenn sie als direktes Objekt stehen und sich dabei auf eine Person beziehen, steht wie immer die Präposition *a:*

No he visto ***a*** *ningún amigo.*

1 Sie kennen das z.B. von den Possessivbegleitern und -pronomen her: *su libro,* aber *el suyo.*

3. «Nichts» und «etwas»: *nada* und *algo*

Das Wörtchen *nada* für «nichts» kennen Sie von den Verneinungen (vgl. SLE 18, Band I) her. Sein Gegenstück lautet *algo:*

*¿Buscas **algo**? – No, **nada**.* — Suchst du etwas? – Nein, nichts.

4. «Ziemlich», «reichlich» etc.: *bastante*

Für «ziemlich», «reichlich», auch «ausreichend» wird *bastante* benutzt. Als Begleiter oder Pronomen ist es veränderlich und kann den Plural *bastantes* bilden, als Adverb hat es nur die Singularform:

*Un amigo de Kristina tiene **bastantes problemas**.*
Ein Freund von Kristina hat **ziemlich viele** Probleme.

*Kristina tiene **bastante** que hacer.* — Kristina hat **reichlich** zu tun.
*Sus estudios son **bastante** difíciles.* — Ihre Studien sind **ziemlich/recht** schwierig.

5. «Jede/r»: *cada*

«Jede/r» etc. kann auch mit *cada* wiedergegeben werden. Es steht vor dem Substantiv, auf das es sich bezieht, ist aber unveränderlich:

***Cada** estudiante necesita estos libros.*
Jeder Student / **Jede** Studentin braucht diese Bücher.

6. «Der/die/das Gleiche/-selbe» oder «sogar»: *mismo/a*

Das Wort *mismo* kann verschiedene Bedeutungen und Funktionen haben. Wenn es «der/die/das Gleiche» oder «der-/die-/dasselbe» bedeutet, ist es Begleiter und steht zwischen Artikel und Substantiv:

*Una amiga de Kristina vive en **la misma calle**.*
Eine Freundin von Kristina lebt in **derselben** Straße.

In der Bedeutung «selbst» oder «sogar» kann sich *mismo* auf ein Substantiv oder ein Pronomen beziehen:

*El director **mismo** habló con la cliente. (Él **mismo** habló con la cliente.)*
Der Direktor / Er **selbst** sprach mit der Kundin.

*En **la misma ciudad** no hay un supermercado.*
Sogar/Selbst in der Stadt gibt es keinen Supermarkt.

Die jeweilige Form von *mismo* kann entweder unmittelbar hinter dem Substantiv oder Pronomen stehen, auf das sie sich bezieht (wie im oberen Beispiel: *el director mismo / él mismo*) oder zwischen Artikel und Substantiv (unteres Beispiel: *en la misma ciudad*).

Sie können *mismo* außerdem verwenden, um Adverbien hervorzuheben:

*¿Puede traerme una cerveza por favor? – Ahora **mismo** se la traigo.*
Können Sie mir bitte ein Bier bringen? – Ich bringe es Ihnen (jetzt) **sofort**.

*¿Dónde está la universidad? – Aquí **mismo**.*
Wo ist die Uni? – **Gleich** hier.

Dieses *mismo* ist natürlich unveränderlich.

7. «Andere»: *otro/a*

Für «ein/e andere/r» etc. oder auch «noch ein/e» steht *otro/a*. Es ist in diesem Fall ein Begleiter, steht also immer mit dem dazugehörigen Substantiv zusammen und wird angeglichen:

*¿Vive Kristina aquí? – No, vive en **otra** casa.*
Wohnt Kristina hier? – Nein, sie wohnt in **einem anderen** Haus.

*Traígame **otra** cerveza por favor.* — Bringen Sie mir bitte **noch ein** Bier.

Anders als im Deutschen steht in allen diesen Fällen kein unbestimmter Artikel: «**ein** anderes Haus», aber ***otra** casa* beziehungsweise «noch **ein** Bier», ***otra** cerveza.*

Im Plural ist *otro/a* Pronomen, steht also ohne Substantiv und hat die Bedeutung «die anderen»:

*Kristina se queda en casa. **Los otros** salen.*
Kristina bleibt zu Hause. **Die anderen/übrigen** brechen auf.

8. «Die meisten»: *la mayoría*

Für «die meisten» steht im Spanischen normalerweise *la mayoría* (wörtlich: «die Mehrheit»):

***La mayoría de los estudiantes** trabaja/n en la vacaciones.*
Die meisten Studenten arbeiten in den Ferien.

*¿Trabajan todos? – No, pero **la mayoría** trabaja.*
Arbeiten alle? – Nein, aber **die meisten** arbeiten.

Es kann mit und ohne Bezugswort (hier *estudiantes*) gebraucht werden. Wenn das Bezugswort steht, wird es mit *de* angeschlossen *(la mayoría **de** los estudiantes).* In diesem Fall kann das Verb auch in die 3. Person Plural gesetzt werden *(trabajan* statt *trabaja),* sonst steht die 3. Person Singular (siehe unteres Beispiel).

9. «Manche», «mehrere», «verschiedene»: *varios, diversos, distintos, diferentes*

Indefinita wie «manche», «mehrere», «verschiedene» werden im Deutschen oft parallel, ohne größeren Bedeutungsunterschied, benutzt. Ähnlich sieht es mit ihren spanischen Gegenstücken aus. Sie stehen allesamt im Plural vor ihrem Bezugswort:

*Kristina visitó **varias** ciudades.*
Kristina besichtigte **mehrere / verschiedene** Städte.

*Vio **diversos** monumentos en **distintos** barrios.*
Sie sah **verschiedene** Sehenswürdigkeiten in **unterschiedlichen** Stadtvierteln.

*Habló con **diferentes** personas.*
Sie redete mit **verschiedenen** Leuten.

Der hauptsächliche Unterschied besteht darin, dass es für *varios, diversos* und *distintos* je eine maskuline und eine feminine Endung gibt *(varios/varias* etc.), während *diferentes* mit einer einzigen Form auskommt.

Übung

Ergänzen Sie bitte die Indefinita:

1. ____________ *de la gente tiene televisión* (die meisten). *Hay* ________________ *programas* (verschiedene / unterschiedliche).
2. *Luis busca* ____________ *trabajo, pero no encuentra* ____________ (eine andere/ keine). ____________ *amigos están también buscando un puesto de trabajo* (einige).
3. *¿Buscas a* ____________*? —No, no busco a* ____________ (jemanden/niemanden).
4. *Este libro me parece* ____________ *difícil* (ziemlich).
5. *¿Hay muchas personas en este bar? — Hay* ____________ (ziemlich viele / reichlich).
6. *No me queda dinero. Mañana* ____________ *voy al banco* (gleich).
7. *Kristina va* ____________ *día a la universidad* (jeden).
8. *Mi coche está averiado. Necesito* ____________ (einen anderen).
9. *Mi hermano tiene mucho dinero. Va a comprar* ____________ *coche* (noch einen).
10. *¿Hablaste con tu jefe? —No, hablé con el director de nuestra empresa* ____________ (sogar, selbst).

■ SLE 49: **Das Passiv**

Was Sie (bestimmt) schon kennen: Gebrauch des Passivs

Geben Sie's ruhig zu – als typische Lerner, die vom Deutschen her kommen, haben Sie einen Hang zum Passiv: «In Spanien **wird** später **gegessen** als bei uns», «Ich fahre morgen ab nach Spanien – das muss **gefeiert werden**!» oder auch: «Für die Teilnahme an Fachsprache II **wird** die erfolgreiche Teilnahme an Fachsprache I **vorausgesetzt**.» In diesen und zahllosen anderen Fällen setzen wir im Deutschen mit wachsender Begeisterung Passiv.

Im Spanischen sieht das etwas anders aus. Hier ist das Passiv nämlich sehr viel weniger gebräuchlich. Deshalb ist diese Selbstlerneinheit im Grunde etwas paradox: Wir erklären Ihnen, wie das Passiv funktioniert, um Sie gleichzeitig vor seinem (allzu häufigen) Gebrauch zu warnen. Andererseits sollten Sie die entsprechenden Formen zumindest kennen, da sie in der Schriftsprache doch immer wieder vorkommen. Also dann ...

Beginnen wir mit der tief schürfenden Frage: Was ist eigentlich ein Passiv? Und wozu braucht man es?

Sie können ein und denselben Sachverhalt grundsätzlich auf zwei Arten ausdrücken:

1. Ein Priester tauft den kleinen Miguel de Cervantes.
2. Der kleine Miguel de Cervantes wird von einem Priester getauft.

Der erste Satz enthält ein Aktiv, denn er beschreibt eine Aktivität des damaligen Priesters (als Subjekt): Er tauft den Säugling Miguel de Cervantes. Die Person, die er tauft, ist Objekt des Satzes. Satz Nummer zwei drückt im Grunde genau dasselbe aus (die Taufe eines Säuglings durch einen Priester), aber aus einer anderen Perspektive, der des kleinen Miguel. Jetzt liegt der Schwerpunkt darauf, was dem kleinen Mann widerfährt, was er gewissermaßen erleidet. Dieser Satz enthält ein Passiv (das man deshalb auch als «Leideform» bezeichnet).

Sehen wir uns die beiden Sätze noch einmal ohne jedes schmückende Beiwerk, gewissermaßen auf ihren Kern reduziert, an:

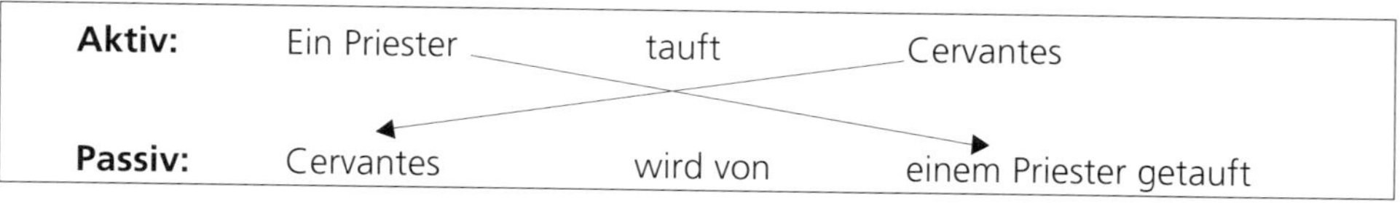

Subjekt und Objekt werden dabei gegeneinander vertauscht: Das Subjekt des Aktivsatzes wird im Passivsatz zum Objekt, das Objekt des Aktivsatzes zum Subjekt des passivischen Gegenstücks. Natürlich muss nicht jeder Passivsatz ein Objekt haben: «Miguel de Cervantes wurde am 9. Oktober 1547 getauft», von wem, bleibt im Dunkeln. Der – vermutlich ohnehin nicht mehr zu ermittelnde – «Urheber» des Taufaktes wird nicht genannt. (Haben Sie übrigens bemerkt, wie viele Passive in diesem typisch deutschen Text vorkommen? Von vier Sätzen enthalten drei ein Passiv!)

Nicht alle Verben können übrigens ein Passiv bilden. Von keinem noch so fitten Sportler wird man sagen können, er sei gelaufen worden. Auch in zahllosen anderen Fällen ist das Passiv nicht oder kaum möglich.

Diese Selbstlerneinheit soll – wie gesagt – unter anderem verhindern, dass Sie in punkto Passiv auf Abwege geraten. Wir gehen deswegen etwas anders vor als sonst: Wir zeigen Ihnen zunächst, in welchen Fällen Sie kein Passiv beziehungsweise was Sie stattdessen setzen sollen.

Spanische Ersatzkonstruktionen für das deutsche Passiv

◆ Reflexive Verbformen

Ehe Sie also loslegen, holen Sie bitte tief Luft und denken zum Beispiel an reflexive Verbformen, die Sie längst kennen. Sie stehen im Spanischen besonders häufig da, wo wir im Deutschen Passive setzen:

Este coche no ***se vende****.* — Dieser Wagen **wird nicht verkauft**.
(auch für:) Dieser Wagen ist nicht zu verkaufen.

En España ***se come*** *más tarde que en Alemania.*
In Spanien wird später gegessen als in Deutschland.

En México ***se habla*** *español.* — In Mexiko wird spanisch gesprochen.

Alle diese reflexiven Formen können Sie nicht wörtlich übersetzen: Weder verkauft sich das Auto (selbst), noch «isst sich» in Spanien später als bei uns. Das Reflexiv hat hier eine ganz andere Funktion als von seinem Grundprinzip her zu erwarten ist. Sie sollten diese – typisch spanische – Variante also immer im Hinterkopf behalten (auch für den Fall, dass Sie einen deutschen Satz mit dem unpersönlichen «man» ausdrücken wollen). Sie kommt nur dann nicht in Betracht, wenn das Subjekt des Satzes eine Person ist.

Das Verb steht übrigens in der 3. Person Plural, wenn das Subjekt im Plural steht oder ein direktes Objekt in der Mehrzahl folgt:

Estos coches no se ***venden****.* — Diese Autos werden nicht verkauft.

En este mercado se ***venden*** *muchas cosas interesantes.*
Auf diesem Markt werden viele interessante Dinge verkauft.

◆ Sätze im Aktiv

Oft steht anstelle eines Passivs im Spanischen einfach eine 3. Person Plural (Aktiv):

Están *por fin reparando la carretera.* — Endlich wird die Straße repariert.
(eigentlich:) Sie sind endlich dabei, die Straße zu reparieren.

Dies ist besonders häufig der Fall, wenn es um Aktionen von Vater Staat und seinen Behörden geht oder wenn irgendeine Institution beteiligt ist. Überhaupt ist es in vielen Fällen möglich, den Satz einfach «umzudrehen» und aus einem Passiv ein Aktiv zu machen (siehe Einleitung) – was Sie im Zweifelsfall in Betracht ziehen sollten.

1. Das Passiv: *ser* als Hilfsverb + Partizip

Wenn es denn aber sein muss – dann kombinieren Sie eben. Das spanische Passiv setzt sich nämlich aus lauter Elementen zusammen, die Sie längst kennen:

El canciller alemán ***es recibido*** *por los Reyes de España.*
Der deutsche Kanzler **wird** vom spanischen Königspaar **empfangen**.

Miguel de Cervantes ***fue bautizado*** *el día 9 de octubre de 1547.*
Miguel de Cervantes **wurde** am 9. Oktober 1547 **getauft.**

La calle no ***ha sido limpiada*** *hoy.* — Die Straße **ist** heute **nicht gereinigt worden**.

Haben Sie die «Bauelemente» wiedererkannt? Das Passiv wird im Grunde ähnlich gebildet wie das *Compuesto*: Das «eigentliche» Verb steht im Partizip[1], davor steht ein Hilfsverb, dessen Form sich nach der Person des Subjekts verändert. Nur ist das Hilfsverb diesmal nicht *haber*, sondern ***ser***:

El canciller alemán ***es*** *recibido por los Reyes de España.*
Der deutsche Kanzler **wird** vom spanischen Königspaar **empfangen**.

Das Hilfsverb *ser* kann in verschiedene Zeiten gesetzt werden. Unser Beispiel steht im Präsens («... wird empfangen»). Es ist eine Kleinigkeit, aus dem Empfang des deutschen Bundeskanzlers ein historisches Ereignis zu machen:

El canciller alemán ***fue*** *recibido por los Reyes de España.*
Der deutsche Kanzler **wurde** vom spanischen Königspaar **empfangen**.

Jetzt steht das Hilfsverb im *Indefinido* – und damit das gesamte Passiv. Auf diese Weise kann ich theoretisch jede weitere Zeit bilden. Dabei ist es durchaus möglich, dass dem Hilfsverb *ser* ein eigenes Hilfsverb zugeordnet wird, etwa wenn das Passiv im *Compuesto* stehen soll:

El canciller alemán ***ha sido*** *recibido por los Reyes de España.*
Der deutsche Kanzler wurde vom spanischen Königspaar empfangen.

Dieses zweite Hilfsverb muss nicht einmal unbedingt *haber* sein. Auch der folgende Fall ist möglich (und nicht einmal besonders exotisch):

Los impuestos ***deben ser*** *pagad****os*** *hasta el 31 de marzo.*
Die Steuern müssen bis zum 31. März bezahlt werden/sein.

In unserem letzten Beispiel zeigt sich eine dritte und letzte Besonderheit des Passivs: Das Partizip des «eigentlichen» Verbs (hier *pagar*) ist veränderlich, ähnlich wie ein Adjektiv. Es paßt sich in Geschlecht und Zahl dem Subjekt an:

La calle *no ha sido limpiad****a*** *hoy.* — Die Straße ist heute nicht gereinigt worden.

1 Sie erinnern sich: *tom**ado**, com**ido**, recib**ido*** (sowie die unregelmäßigen).

Subjekt ist hier ***la** calle*, also eine weibliche Einzahl. Dementsprechend wird aus dem *o* von *limpiado* ein *a*. Für die Mehrzahl würde ein *s* angehängt (siehe vorletztes Beispiel), weibliche Mehrzahl ergäbe die Endung *-as*.

Zum Schluss noch etwas, das Ihnen sicherlich aufgefallen ist: Der «Urheber», jene Person also, welche die passivische Handlung ausführt, wird in der Regel mit der Präposition *por* angeschlossen:

La calle fue limpiada ***por*** *dos obreros.*
Die Straße wurde von zwei Arbeitern gereinigt.

1.1 Zustandspassiv: mit *estar* als Hilfsverb

Neben dem «eigentlichen» Passiv gibt es noch das so genannte Zustandspassiv:

Tut mir Leid, dieses Haus **ist** bereits **verkauft**.

Ein Zustandspassiv beschreibt das Ergebnis einer passivischen Handlung: Das Auto wurde soeben verkauft, also ist es jetzt verkauft.

Esta casa ha sido vendida. Ahora ***está vendida****.*
Dieses Haus wurde verkauft. Jetzt **ist** es **verkauft**.

Beim Zustandspassiv ist das Hilfsverb nicht *ser*, sondern ***estar***. Das Partizip richtet sich auch in diesem Fall nach dem Subjekt *(la casa → vendida).*

Übung

Geben Sie die folgenden Sätze bitte in Spanisch wieder:

(Vorsicht! Nicht jedes deutsche entspricht auch einem spanischen Passiv. Denken Sie an die Alternativen!)

1. Hier wird auch samstags gearbeitet.

   ______________________________.

2. Dieser Palast *(el palacio)* wurde von Philipp II *(Felipe II)* gebaut.

   ______________________________.

3. In Spanien werden Apfelsinen angebaut.

   ______________________________.

4. Das Dorf ist von einem Feuer zerstört worden *(destruir)*. Jetzt ist es zerstört. Alle Einwohner wurden evakuiert *(evacuar)*.

   ______________________________.

   ______________________________.

5. Es wird gebeten *(rogar)*, in *(con)* Großbuchstaben *(la mayúscula)* zu schreiben.

   ______________________________.

6. Hier werden Hüte hergestellt *(fabricar)*.

   ______________________________.

7. Der deutsche Bundeskanzler wird vom spanischen Königspaar empfangen werden.

   ______________________________.

8. Diese Ampel *(el semáforo)* wird morgen repariert (werden).

   ______________________________.

9. In Spanien wird viel Basketball *(el baloncesto)* gespielt *(practicar)*.

   ______________________________.

10. Prima *(¡Que bien!)*, ich werde verstanden!

    ______________________________.

■ SLE 50: Zeitenverhältnis im Nebensatz

Was Sie (bestimmt) schon kennen: Vorzeitigkeit, Gleichzeitigkeit und Nachzeitigkeit

Ihnen ist sicherlich irgendwann aufgefallen, dass in zwei Sätzen, die miteinander verbunden sind, nicht immer dieselben Zeiten stehen – wenn Frau Meisegeier etwa sagt: «Ich **sehe gerade**, dass Herr Hinterbichler sein Büro bereits **verlassen hat**. Ich **nehme** aber **an**, dass er heute Nachmittag **zurückkommen wird**.» Was ist hier los? Der erste Nebensatz ist vorzeitig: Herr Hinterbichler ist von dannen geeilt, bevor die Sprecherin es bemerkt hat. Der andere Nebensatz ist dagegen nachzeitig: Die Rückkehr des Herrn Hinterbichler wird erst stattfinden, nachdem die betreffende Äußerung getan wurde. Natürlich können beide Teilsätze auch gleichzeitig sein: «Ich **sehe**, dass Herr Hinterbichler an seinem Schreibtisch **sitzt**.» Schauen wir uns das Ganze noch einmal in der Übersicht an:

Frau Meisegeier **weiß**,	a) dass Herr Hinterbichler bereits **gegangen ist**. b) dass Herr Hinterbichler in seinem Büro **sitzt**. c) dass Herr Hinterbichler gleich **zurückkommen wird**.

Es gibt also im Prinzip immer **drei Möglichkeiten**:

Der Nebensatz ist	a) **vorzeitig** b) **gleichzeitig** c) **nachzeitig**

Natürlich muss der Hauptsatz nicht unbedingt im Präsens stehen:

Frau Meisegeier **wusste**,	a) dass Herr Hinterbichler bereits **gegangen war**. b) dass Herr Hinterbichler in seinem Büro **saß**. c) dass Herr Hinterbichler gleich **zurückkommen würde**.

Die wichtigste Rolle spielen Zeitenverhältnisse wohl in der **indirekten Rede** und der **indirekten Frage**. Unsere spanischen Beispiele gehen deshalb durchgehend von diesem Gebrauch aus. Trotzdem sollten Sie auch die anderen Möglichkeiten – siehe oben! – im Hinterkopf behalten.

Welche Zeit Sie im Nebensatz konkret setzen müssen, hängt also von zwei Faktoren ab:

1. Welche Zeit steht im Hauptsatz?
2. Wie ist das Zeitverhältnis zwischen Haupt- und Nebensatz? Konkret: Ist der Nebensatz gegenüber dem Hauptsatz **vorzeitig**, **gleichzeitig** oder **nachzeitig**?

1. Satzgefüge mit Präsens im Hauptsatz

Wenn im Hauptsatz ein Präsens steht, ist die Sache relativ einfach:

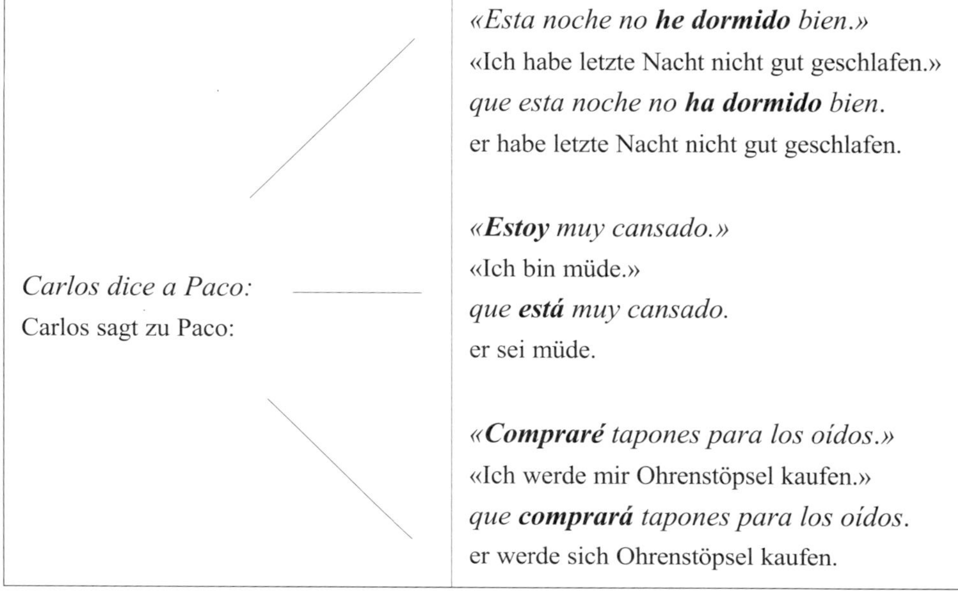

	«Esta noche no ***he dormido*** *bien.»* «Ich habe letzte Nacht nicht gut geschlafen.» *que esta noche no* ***ha dormido*** *bien.* er habe letzte Nacht nicht gut geschlafen.
Carlos dice a Paco: Carlos sagt zu Paco:	*«**Estoy** muy cansado.»* «Ich bin müde.» *que **está** muy cansado.* er sei müde.
	*«**Compraré** tapones para los oídos.»* «Ich werde mir Ohrenstöpsel kaufen.» *que **comprará** tapones para los oídos.* er werde sich Ohrenstöpsel kaufen.

«Kein Thema!» denken Sie jetzt vermutlich, weil in der indirekten Rede jedes Mal dieselbe Zeit steht wie in der direkten. Sie müssen lediglich daran denken, die Konjunktion *que* zu setzen (die darf – anders als im Deutschen – keinesfalls fehlen!). Aus Gründen der Logik wird darüberhinaus die Ich-Form jeweils in eine 3. Person verwandelt – aber das wissen Sie längst.

Exakt genauso ist die Lage, wenn statt des Präsens ein *Compuesto* steht:

Acabo de ver a Carlos. Me ha dicho	*que no **ha dormido** bien.* *que **está** muy cansado.* *que **comprará** tapones para los oídos.*

Das *Compuesto* im Hauptsatz wird also genauso behandelt wie das Präsens.

2. Satzgefüge mit *Indefinido* im Hauptsatz

«Schon wieder dieses *Indefinido*!» werden Sie jetzt vielleicht stöhnen. Aber leider ist das *Indefinido* nun einmal die «Erzählzeit» par excellence. Um Ihnen den Überblick zu erleichtern (und nicht etwa, weil uns nichts mehr einfällt!) verwenden wir noch einmal dieselben Beispiele: die Moritat vom schlaflosen Carlos, der sich die Ohren zustopfen will.

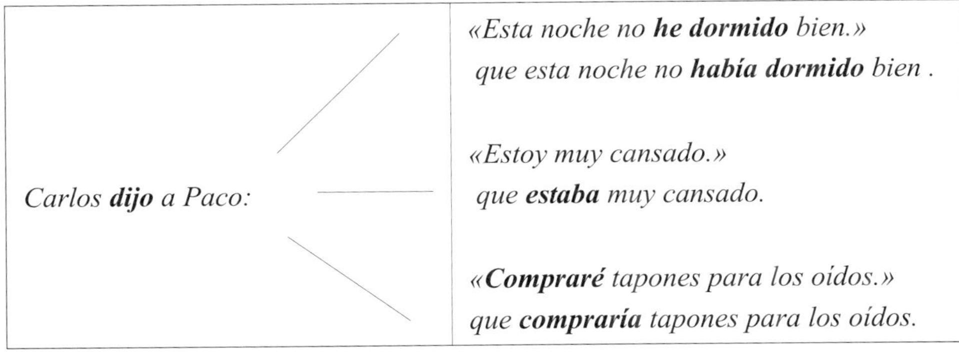
Carlos **dijo** a Paco:

«Esta noche no **he dormido** bien.»
que esta noche no **había dormido** bien .

«Estoy muy cansado.»
que **estaba** muy cansado.

«**Compraré** tapones para los oídos.»
que **compraría** tapones para los oídos.

Diesmal hat sich einiges geändert: Aus der einfachen Vergangenheit wird eine Vorvergangenheit, ein Plusquamperfekt *(había dormido)*. Das Präsens verwandelt sich in ein *Imperfecto (estaba)*, und das Futur in ein Konditional *(compraría)*. In der Übersicht:

Zeit im Hauptsatz	→	verwandelt sich im Nebensatz in ein:
Präsens	→	***Imperfecto***
Compuesto	→	**Vorvergangenheit (Plusquamperfekt)**
Futur	→	**Konditional**

Das ist zumindest das Grundprinzip. Es gibt allerdings eine Reihe Besonderheiten, von denen wir Ihnen im Anschluss nur die allerhäufigsten vorstellen möchten.

☝Wenn Sie's noch genauer wissen wollen ...

Außer Präsens oder *Indefinido* können im Hauptsatz natürlich auch noch andere Zeiten stehen: Futur («Wenn du ihn triffst, wird Carlos dir sagen ...»), Konditional («Er würde dir sagen ...»), *Compuesto*, Imperfekt oder Vorvergangenheit (Plusquamperfekt). Dabei gibt es immer zwei Möglichkeiten:

- **Möglichkeit A**

Die Zeitenfolge im Nebensatz ist genauso, wie wenn im Hauptsatz Präsens stehen würde. Dies gilt, wenn es sich um **Futur**, **Konditional** oder ***Compuesto*** handelt:

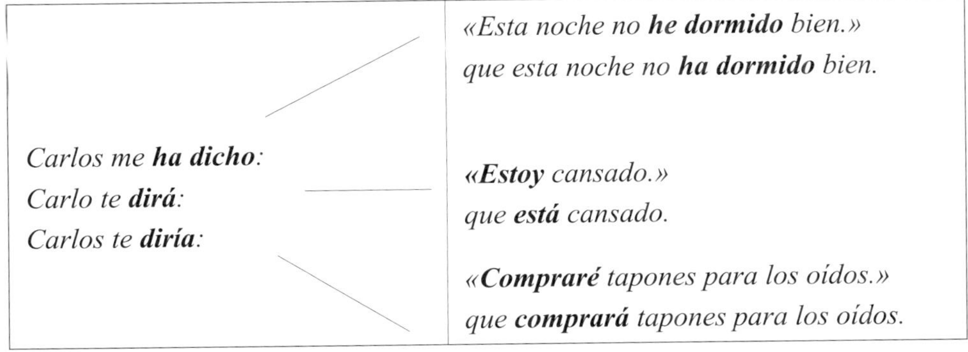
Carlos me **ha dicho**:
Carlo te **dirá**:
Carlos te **diría**:

«Esta noche no **he dormido** bien.»
que esta noche no **ha dormido** bien.

«**Estoy** cansado.»
que **está** cansado.

«**Compraré** tapones para los oídos.»
que **comprará** tapones para los oídos.

◆ **Möglichkeit B**

Die Zeitenfolge im Nebensatz ist genauso, wie wenn im Hauptsatz *Indefinido* stehen würde. Dies gilt, wenn es sich um ***Imperfecto*** oder **Vorvergangenheit** (Plusquamperfekt) handelt.

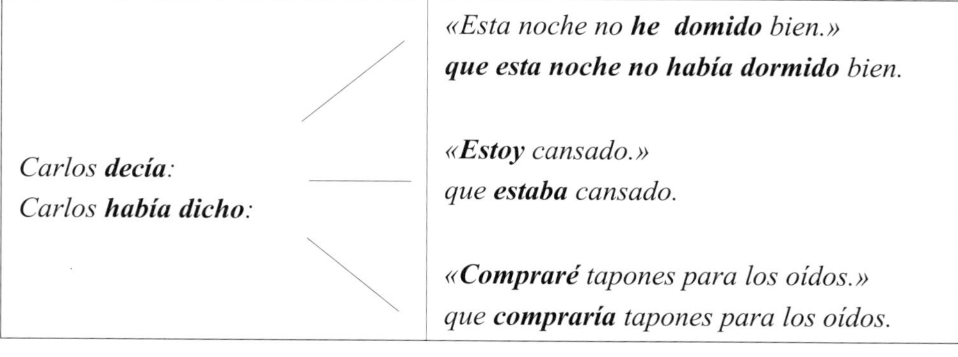

Carlos ***decía****:* *Carlos* ***había dicho****:*	*«Esta noche no* ***he domido*** *bien.»* ***que esta noche no había dormido*** *bien.* *«****Estoy*** *cansado.»* *que* ***estaba*** *cansado.* *«****Compraré*** *tapones para los oídos.»* *que* ***compraría*** *tapones para los oídos.*

Übung

Verwandeln Sie bitte die direkte Rede in eine indirekte:

Una adivina* [Wahrsagerin] *dijo a Luis:

1. *«Es usted joven.*

2. *Su línea de vida* [Lebenslinie] *es larga y doble.*

3. *Ya ha superado unas enfermedades.*

4. *Vivirá muchísimos años, pero tendrá otras enfermedades.*

5. *Las superará todas.*

6. *En su vida ya ha conocido a unas mujeres.*

7. *Conocerá a una mujer muy hermosa que le querrá mucho y que le dará cuatro hijos.*

8. *Usted trabaja mucho, pero un día irá a un país lejano.*

9. *Viajará con una persona que le hará muy feliz.*

10. *Su corazón y sus sentimientos ya han pasado por una crisis.*

11. *Desgraciadamente deben pasar por otra crisis de amor.*

12. *Pero su suerte va siempre hacia arriba.*

13. *Antes de celebrar su suerte tiene que darme 10 €.»*

Unregelmäßige Verben II

1. Futur I

decir:	*d**i**ré ...*	Bei den unregelmäßigen Futur-Formen wird oft der Verbstamm verkürzt (z.B. *diré* von *decir*, statt beispielsweise *tomaré* von *tomar*).
haber:	*ha**br**é ...*	
hacer:	*ha**r**é ...*	
poder:	*po**dr**é ...*	
poner:	*pon**dr**é ...*	
querer:	*que**rr**é ...*	
saber:	*sa**br**é ...*	
salir:	*sal**dr**é ...*	
tener:	*ten**d**ré ...*	
valer:	*val**dr**é ...*	
venir:	*ven**dr**é ...*	

2. Konditional I

decir:	*d**i**ría ...*	Das Konditional hat denselben Verbstamm wie das Futur. Es werden lediglich andere Endungen angehängt.
haber:	*ha**br**ía ...*	
hacer:	*ha**r**ía ...*	
poder:	*po**dr**ía ...*	
poner:	*pon**dr**ía ...*	
querer:	*que**rr**ía ...*	
saber:	*sa**br**ía ...*	
salir:	*sal**dr**ía ...*	
tener:	*ten**d**ría ...*	
valer:	*val**dr**ía ...*	
venir:	*ven**dr**ía ...*	

3. *Indefinido*

Indefinido von	***andar*** (laufen, gehen)	*Indefinido* von	***caer*** (fallen)
(yo)	*and**uve***	*(yo)*	*caí*
(tú)	*and**uviste***	*(tú)*	*caíste*
(él/ella/Vd.)	*and**uvo***	*(él/ella/Vd.)*	*cayó*
(nosotros/-as)	*and**uvimos***	*(nosotros/-as)*	*caímos*
(vosotros/-as)	*and**uvisteis***	*(vosotros/-as)*	*caísteis*
(ellos/ellas/Vds.)	*and**uvieron***	*(ellos/ellas/Vds.)*	*cayeron*

Indefinido von	***conducir*** (führen, lenken)	*Indefinido* von	***dar*** (geben)
(yo)	*condu**je***	*(yo)*	*di*
(tú)	*condu**ji**ste*	*(tú)*	*diste*
(él/ella/Vd.)	*condu**jo***	*(él/ella/Vd.)*	*d**io***
(nosotros/-as)	*condu**ji**mos*	*(nosotros/-as)*	*dimos*
(vosotros/-as)	*condu**ji**steis*	*(vosotros/-as)*	*disteis*
(ellos/ellas/Vds.)	*condu**jeron***	*(ellos/ellas/Vds.)*	*dieron*

Indefinido von	***decir*** (sagen)	*Indefinido* von	***estar*** (s. befinden, sein)
(yo)	*d**ije***	*(yo)*	*est**uve***
(tú)	*d**ij**iste*	*(tú)*	*est**uv**iste*
(él/ella/Vd.)	*d**ijo***	*(él/ella/Vd.)*	*est**uvo***
(nosotros/-as)	*d**ij**imos*	*(nosotros/-as)*	*est**uv**imos*
(vosotros/-as)	*d**ij**isteis*	*(vosotros/-as)*	*est**uv**isteis*
(ellos/ellas/Vds.)	*d**ij**eron*	*(ellos/ellas/Vds.)*	*est**uvi**eron*

Indefinido von	***haber***	*Indefinido* von	***hacer*** (tun, machen)
(yo)	***hube***	*(yo)*	***hice***
(tú)	***hubi**ste*	*(tú)*	***hici**ste*
(él/ella/Vd.)	***hubo***	*(él/ella/Vd.)*	***hizo***
(nosotros/-as)	***hubi**mos*	*(nosotros/-as)*	***hici**mos*
(vosotros/-as)	***hubi**steis*	*(vosotros/-as)*	***hici**steis*
(ellos/ellas/Vds.)	***hubi**eron*	*(ellos/ellas/Vds.)*	***hici**eron*

Indefinido von	***ir*** (gehen) ***ser*** (sein)	*Indefinido* von	***oír*** (hören)
(yo)	***fui***	*(yo)*	*oí*
(tú)	***fuiste***	*(tú)*	*oíste*
(él/ella/Vd.)	***fue***	*(él/ella/Vd.)*	*oyó*
(nosotros/-as)	***fuimos***	*(nosotros/-as)*	*oímos*
(vosotros/-as)	***fuisteis***	*(vosotros/-as)*	*oísteis*
(ellos/ellas/Vds.)	***fueron***	*(ellos/ellas/Vds.)*	*oyeron*

Indefinido von	***poder*** (können, dürfen)	*Indefinido* von	***poner*** (legen, stellen)
(yo)	***pude***	*(yo)*	***puse***
(tú)	***pudi**ste*	*(tú)*	***pusi**ste*
(él/ella/Vd.)	***pudo***	*(él/ella/Vd.)*	***puso***
(nosotros/-as)	***pudi**mos*	*(nosotros/-as)*	***pusi**mos*
(vosotros/-as)	***pudi**steis*	*(vosotros/-as)*	***pusi**steis*
(ellos/ellas/Vds.)	***pudi**eron*	*(ellos/ellas/Vds.)*	***pusi**eron*

Indefinido von	***querer*** (wollen, lieben)	*Indefinido* von	***reír*** (lachen)
(yo)	*qui**se***	*(yo)*	*reí*
(tú)	***quis**iste*	*(tú)*	*reíste*
(él/ella/Vd.)	*qu**iso***	*(él/ella/Vd.)*	*rió*
(nosotros/-as)	***quis**imos*	*(nosotros/-as)*	*reímos*
(vosotros/-as)	***quis**isteis*	*(vosotros/ -as)*	*reísteis*
(ellos/ellas/Vds.)	***quis**ieron*	*(ellos/ellas/Vds.)*	***ri**eron*

Indefinido von	***saber*** (wissen, können)	*Indefinido* von	***tener*** (haben, halten)
(yo)	*s**upe***	*(yo)*	*t**uve***
(tú)	***sup**iste*	*(tú)*	***tuv**iste*
(él/ella/Vd.)	*s**upo***	*(él/ella/Vd.)*	*t**uvo***
(nosotros/-as)	***sup**imos*	*(nosotros/-as)*	***tuv**imos*
(vosotros/-as)	***sup**isteis*	*(vosotros/-as)*	***tuv**isteis*
(ellos/ellas/Vds.)	***sup**ieron*	*(ellos/ellas/Vds.)*	***tuv**ieron*

Indefinido von	***traer*** (bringen)	*Indefinido* von	***venir*** (kommen)
(yo)	*tr**aje***	*(yo)*	*v**ine***
(tú)	*tra**j**iste*	*(tú)*	*v**in**iste*
(él/ella/Vd.)	*tr**ajo***	*(él/ella/Vd.)*	*v**ino***
(nosotros/-as)	*tra**j**imos*	*(nosotros/-as)*	*v**in**imos*
(vosotros/-as)	*tra**j**isteis*	*(vosotros/-as)*	*v**in**isteis*
(ellos/ellas/Vds.)	*tra**jeron***	*(ellos/ellas/Vds.)*	*v**in**ieron*

Indefinido von	***ver*** (sehen)
(yo)	*v**i***
(tú)	*viste*
(él/ella/Vd.)	*v**io***
(nosotros/-as)	*vimos*
(vosotros/-as)	*visteis*
(ellos/ellas/Vds.)	*v**ie**ron*

4. *Imperfecto*

Im *Imperfecto* sind lediglich die Verben *ir, ser* und *ver* unregelmäßig:

Person	***Imperfecto*** **von *ir***	***ser***	***ver***
(yo)	***iba***	***era***	*veía*
(tú)	***ibas***	***eras***	*veías*
(él/ella/Vd.)	***iba***	***era***	*veía*
(nosotros/-as)	***íbamos***	***éramos***	*veíamos*
(vosotros/-as)	***ibais***	***erais***	*veíais*
(ellos/ellas/Vds.)	***iban***	***eran***	*veían*

5. *Imperfecto* des *Subjuntivo*

Da das *Imperfecto* des *Subjuntivo* von der 3. Person Plural des *Indefinido* abgeleitet wird, sind dieselben Verben unregelmäßig wie im *Indefinido*:

	andar (laufen, gehen)		***caer*** (fallen)
Basisform (3. Plural *Indefinido*)	*anduvieron*	Basisform (3. Plural *Indefinido*)	*cayeron*
(yo)	*anduviera*	*(yo)*	*cayera*
(tú)	*anduvieras*	*(tú)*	*cayeras*
(él/ella/Vd.)	*anduviera*	*(él/ella/Vd.)*	*cayera*
(nosotros/-as)	*anduviéramos*	*(nosotros/-as)*	*cayéramos*
(vosotros/-as)	*anduvierais*	*(vosotros/-as)*	*cayerais*
(ellos/ellas/Vds.)	*anduvieran*	*(ellos/ellas/Vds.)*	*cayeran*

	conducir (führen, lenken)		***dar*** (geben)
Basisform (3. Plural *Indefinido*)	*condujeron*	Basisform (3. Plural *Indefinido*)	*dieron*
(yo)	*condujera*	*(yo)*	*diera*
(tú)	*condujeras*	*(tú)*	*dieras*
(él/ella/Vd.)	*condujera*	*(él/ella/Vd.)*	*diera*
(nosotros/-as)	*condujéramos*	*(nosotros/-as)*	*diéramos*
(vosotros/-as)	*condujerais*	*(vosotros/-as)*	*dierais*
(ellos/ellas/Vds.)	*condujeran*	*(ellos/ellas/Vds.)*	*dieran*

	decir (sagen)		***estar*** (s. befinden, sein)
Basisform (3. Plural *Indefinido*)	*di**j**eron*	Basisform (3. Plural *Indefin*ido)	*est**uvie**ron*
(yo)	*di**j**era*	*(yo)*	*est**uvie**ra*
(tú)	*di**j**eras*	*(tú)*	*est**uvie**ras*
(él/ella/Vd.)	*di**j**era*	*(él/ella/Vd.)*	*est**uvie**ra*
(nosotros/-as)	***dijéramos***	*(nosotros/-as)*	*est**uvié**ramos*
(vosotros -as)	*di**j**erais*	*(vosotros/-as)*	*est**uvie**rais*
(ellos/ellas/Vds.)	*di**j**eran*	*(ellos/ellas/Vds.)*	*est**uvie**ran*

	haber		***hacer*** (tun, machen)
Basisform (3. Plural *Indefinido*)	*h**ub**ieron*	Basisform (3. Plural *Indefinido*)	*h**ic**ieron*
(yo)	*h**ub**iera*	*(yo)*	*h**ic**iera*
(tú)	*h**ub**ieras*	*(tú)*	*h**ic**ieras*
(él/ella/Vd.)	*h**ub**iera*	*(él/ella/Vd.)*	*h**ic**iera*
(nosotros/-as)	*h**ub**iéramos*	*(nosotros/-as)*	*h**ic**iéramos*
(vosotros/-as)	*h**ub**ierais*	*(vosotros/-as)*	*h**ic**ierais*
(ellos/ellas/Vds.)	*h**ub**ieran*	*(ellos/ellas/Vds.)*	*h**ic**ieran*

	ir (gehen) ***ser*** (sein)		***oír*** (hören)
Basisform (3. Plural *Indefinido*)	***fueron***	Basisform (3. Plural *Indefinido*)	*oyeron*
(yo)	***fuera***	*(yo)*	*oyera*
(tú)	***fueras***	*(tú)*	*oyeras*
(él/ella/Vd.)	***fuera***	*(él/ella/Vd.)*	*oyera*
(nosotros/-as)	***fuéramos***	*(nosotros/-as)*	*oy**é**ramos*
(vosotros/-as)	***fuerais***	*(vosotros/-as)*	*oyerais*
(ellos/ellas/Vds.)	***fueran***	*(ellos/ellas/Vds.)*	*oyeran*

	poder (können,dürfen)		***poner*** (legen, stellen)
Basisform (3. Plural *Indefinido*)	*pudieron*	Basisform (3. Plural *Indefinido*)	*pusieron*
(yo)	*pudiera*	*(yo)*	*pusiera*
(tú)	*pudieras*	*(tú)*	*pusieras*
(él/ella/Vd.)	*pudiera*	*(él/ella/Vd.)*	*pusiera*
(nosotros/-as)	*pudiéramos*	*(nosotros/-as)*	*pusiéramos*
(vosotros/-as)	*pudierais*	*(vosotros/-as)*	*pusierais*
(ellos/ellas/Vds.)	*pudieran*	*(ellos/ellas/Vds.)*	*pusieran*

	querer (wollen, lieben)		***reír*** (lachen)
Basisform (3. Plural *Indefinido*)	*quisieron*	Basisform (3. Plural *Indefinido*)	*rieron*
(yo)	*quisiera*	*(yo)*	*riera*
(tú)	*quisieras*	*(tú)*	*rieras*
(él/ella/Vd.)	*quisiera*	*(él/ella/Vd.)*	*riera*
(nosotros/-as)	*quisiéramos*	*(nosotros/-as)*	*riéramos*
(vosotros/-as)	*quisierais*	*(vosotros/-as)*	*rierais*
(ellos/ellas/Vds.)	*quisieran*	*(ellos/ellas/Vds.)*	*rieran*

	saber (wissen, können)		***tener*** (haben, halten)
Basisform (3. Plural *Indefinido*)	*supieron*	Basisform (3. Plural *Indefinido*)	*tuvieron*
(yo)	*supiera*	*(yo)*	*tuviera*
(tú)	*supieras*	*(tú)*	*tuvieras*
(él/ella /Vd.)	*supiera*	*(él/ella/Vd.)*	*tuviera*
(nosotros/-as)	*supiéramos*	*(nosotros/ -as)*	*tuviéramos*
(vosotros/-as)	*supierais*	*(vosotros/-as)*	*tuvierais*
(ellos/ellas/Vds)	*supieran*	*(ellos/ellas /Vds)*	*tuvieran*

	traer (bringen)		***venir*** (kommen)
Basisform (3. Plural *Indefinido*)	*trajeron*	Basisform (3. Plural *Indefinido*)	*vinieron*
(yo)	*trajera*	*(yo)*	*viniera*
(tú)	*trajeras*	*(tú)*	*vinieras*
(él/ella/Vd.)	*trajera*	*(él/ella/Vd.)*	*viniera*
(nosotros/-as)	*trajéramos*	*(nosotros/-as)*	*viniéramos*
(vosotros/-as)	*trajerais*	*(vosotros/-as)*	*vinierais*
(ellos/ellas/Vds)	*trajeran*	*(ellos/ellas/Vds)*	*vinieran*

	ver (sehen)
Basisform (3. Plural *Indefinido*)	*vieron*
(yo)	*viera*
(tú)	*vieras*
(él/ella/Vd.)	*viera*
(nosotros/-as)	*viéramos*
(vosotros/-as)	*vierais*
(ellos/ellas/Vds)	*vieran*

SLE 31

		Futur:		
	deseas	**desearás**	*11. viajamos*	**viajaremos**
1.	*veis*	**veréis**	*12. queremos*	**querremos**
2.	*hablan*	**hablarán**	*13. ofrezco*	**ofreceré**
3.	*quiere*	**querrá**	*14. salen*	**saldrán**
4.	*tomamos*	**tomaremos**	*15. juego*	**jugaré**
5.	*tienes*	**tendrás**	*16. coméis*	**comeréis**
6.	*es*	**serás**	*17. voy*	**iré**
7.	*sé*	**sabré**	*18. pregunta*	**preguntará**
8.	*hace*	**hará**	*19. das*	**darás**
9.	*está*	**estará**	*20. vivo*	**viviré**
10.	*siento*	**sentiré**	*21. pongo*	**pondré**
			22. viene	**vendrá**

SLE 32

1. *¿Habláis de mí? —No, no hablamos de ti.*
2. *¿A quién has invitado? ¿A Juanita también? —No he invitado a ella.*
3. *¿Te gusta ir al cine conmigo? —No, no me gusta ir al cine contigo.*
4. *Vamos al cine sin él.*
5. *¿Quieres jugar al tenis con nosotros/nosotras? —No, no me gusta jugar al tenis con vosotros/vosotras.*
6. *A ella no le gusta. A mí no me gusta tampoco.*
7. *Hoy vamos a cenar con vosotros/vosotras. / Cenaremos hoy con vosotros/vosotras.*
8. *Según yo, el examen es muy fácil.*
9. *Entre tú y yo nunca hay discusiones.*

SLE 33

	deseas	**desearías**	***desear***
1.	*veis*	**veríais**	*ver*
2.	*hablan*	**hablarían**	*hablar*
3.	*quiere*	**querría**	*querer*
4.	*tomamos*	**tomaríamos**	*tomar*
5.	*tienes*	**tendrías**	*tener*
6.	*es*	**sería**	*ser*
7.	*sé*	**sabría**	*saber*
8.	*hace*	**haría**	*hacer*
9.	*está*	**estaría**	*estar*
10.	*siento*	**sentiría**	*sentir*
11.	*viajamos*	**viajaríamos**	*viajar*
12.	*puede*	**podría**	*poder*
13.	*queremos*	**querríamos**	*querer*
14.	*ofrezco*	**ofrecería**	*ofrecer*
15.	*salen*	**saldrían**	*salir*
16.	*juego*	**jugaría**	*jugar*
17.	*coméis*	**comeríais**	*comer*
18.	*voy*	**iría**	*ir*
19.	*pregunta*	**preguntaría**	*preguntar*
20.	*das*	**darías**	*dar*
21.	*vivo*	**viviría**	*vivir*

SLE 34

1.

1. *Me alegro* **de** *verte, porque me gusta mucho acordarme* **de** *nuestras vacaciones* **en** *España. Espero que viajaremos juntos el año próximo.*
2. *Lo siento, pero no se permite fumar aquí. Si quiere fumar, tiene que irse.*
3. *Querría empezar* **a** *trabajar, pero hoy no me da tiempo* **de** *trabajar.*
4. *He dejado* **de** *fumar, porque el médico me ha prohibido fumar.*
5. *A veces, mi marido me ayuda* **a** *arreglar a los niños. Cuando no lo hace, me enfado* **con** *él.*
6. *¿Has quedado* **con** *tus amigos? —Hoy no he quedado* **con** *nadie.*
7. *¿* **En** *qué estás pensando? —Estoy pensando* **en** *mi novia.*
8. *¿* **A** *qué hora llegarás? —Trataré* **de** *llegar* **a** *las nueve.*
9. *¿* **De** *qué te ocupas? —Me ocupo* **de** *mi trabajo, y no tengo tiempo* **de** *pensar* **en** *otras cosas.*
10. *¿Cómo sueles ir* **a** *la oficina? ¿***En** *coche? —No puedo coger el coche, voy* **en** *autobús.*
11. *¿Podríamos cambiar este disco* **por** *otro?*

2.

1. *Me alegro del jarrón.*
2. *Deja/Termina de trabajar. Te invito a tomar algo.*
3. *Suelo levantarme a las siete.*
4. *El jefe se ocupa de todo.*
5. *Me he cambiado de piso. Vivo ahora en otro barrio.*
6. *Pregunte al portero. Pregúntele por el señor López.*

SLE 35

1. *hablas*	**hablaste**	14. *puedo*	**pude**
2. *escuchan*	**escucharon**	15. *dicen*	**dijeron**
3. *tienen*	**tuvieron**	16. *doy*	**di**
4. *preguntamos*	**preguntamos**	17. *tenemos*	**tuvimos**
5. *vas*	**fuiste**	18. *podemos*	**pudimos**
6. *dices*	**dijiste**	19. *dan*	**dieron**
7. *estoy*	**estuve**	20. *va*	**fue**
8. *hace*	**hizo**	21. *hago*	**hice**
9. *ponen*	**pusieron**	22. *tomo*	**tomé**
10. *eres*	**fuiste**	23. *encuentra*	**encontró**
11. *llegan*	**llegaron**	24. *me levanto*	**me levanté**
12. *reciben*	**recibieron**	25. *entienden*	**entendieron**
13. *preparas*	**preparaste**		

SLE 36

Präsens	*Compuesto*	Futur II	Konditional II
viaja	*ha viajado*	*habrá viajado*	*habría viajado*
soy	*he sido*	*habré sido*	*habría sido*
pongo	*he puesto*	*habré puesto*	*habría puesto*
vemos	*hemos visto*	*habremos visto*	*habríamos visto*
dicen	*han dicho*	*habrán dicho*	*habrían dicho*
abrís	*habéis abierto*	*habréis abierto*	*habríais abierto*
vas	*has ido*	*habrás ido*	*habrías ido*
volvemos	*hemos vuelto*	*habremos vuelto*	*habríamos vuelto*
ves	*has visto*	*habrás visto*	*habrías visto*

SLE 37

1. *Imperfecto*

1. *escucho* — ***ecuchaba***
2. *habla* — ***hablaba***
3. *tenemos* — ***teníamos***
4. *preguntáis* — ***preguntabais***
5. *compran* — ***compraban***
6. *voy* — ***iba***
7. *somos* — ***éramos***
8. *pagas* — ***pagabas***
9. *sienten* — ***sentían***
10. *tomas* — ***tomabas***
11. *puede* — ***podía***
12. *se quedan* — ***se quedaban***
13. *estoy* — ***estaba***
14. *dan* — ***daban***
15. *ven* — ***veían***
16. *reciben* — ***recibían***
17. *llegamos* — ***llegábamos***
18. *preparan* — ***preparaban***

2. *La vida de Miguel de Cervantes Saavedra*

Nació *Cervantes en Alcalá de Henares y* ***fue*** *bautizado el día 9 de octubre de 1547. Su padre, Rodrigo de Cervantes,* ***era*** *cirujano; su madre* ***se llamaba*** *doña Leonor de Cortinas. Su abuelo paterno, el licenciado Juan de Cervantes,* ***ejercía*** *de abogado en Andalucía. Cuando Miguel* ***tenía*** *unos cinco años,* ***se trasladó*** *la familia de Alacalá a Valladolid;* ***pasó*** *luego a Madrid y de aquí a Sevilla, donde el futuro novelista* ***estudió*** *probablemente con los jesuítas. En fecha no bien determinada* ***pasó*** *a Italia y por los años de 1570* ***se alistó*** *como soldado en la compañía de Diego de Urbina. En la galera Marquesa* ***asistió*** *a la memorable batalla de Lepanto. Al regresar en 1575 a España, la galera Sol, que le* ***conducía****, fue apresada cerca de Marsella, y Cervantes* ***pasó*** *a Argel como cautivo. Después de varios frustrados intentos de fuga, fue rescatado en 1580.* ***Permaneció*** *algún tiempo en Portugal y, vuelto a Madrid,* ***casó*** *en 1584 con doña Catalina Salazar y Palacios. Buscando medios de vida, fue primeramente comisario de flotas en Sevilla, después recaudador* *en el reino de Granada, y ambos cargos le* ***dieron*** *disgustos: en 1592* ***estuvo*** *preso en la cárcel de Castro del Río; en 1597 y en 1602, en la de Sevilla. Acaso en esta última prisión se* ***engendró*** *el gran libro de Cervantes, el Quijote.* ***Pasó*** *en 1603 o 1604 a Valladolid, donde* ***sufrió*** *un nuevo contratiempo.* ***Regresó*** *luego a Madrid, donde murió el 23 de abril de 1616.*

nach: Narcisco Alonso Cortés, Historia de la literatura española.

SLE 38

1.

1. ***Si voy*** *a Granada,* ***visitaré*** *la Alhambra.*
2. ***Cuando estoy*** *en Granada,* ***paseo*** *por las calles.*
3. ***Cuando no tengo*** *mucho tiempo, sólo* ***voy*** *a la catedral.*
4. *Voy a telefonear* ***mientras*** *Harry* ***coge*** *el coche.*
5. ***Como*** *el coche* ***no funciona****, no* ***podemos*** *detener al asesino.*

2.

1. *Si no le gusta beber cerveza, puede/podrá tomar un café.*
2. *Si no quiere ir al cine con nostros, debe quedarse en casa y ver la tele.*
3. *Si no quiere tampoco ir de copas, puede/podrá leer un libro en casa.*
4. *Si me he equivocado, tengo que disculparme.*
5. *Si tengo bastante tiempo, visitaré Córdoba también.*
6. *Si tenemos una avería, no llegaremos hoy.*
7. *Si el mecánico no puede reparar el coche, perderemos un día más.*
8. *Si el mecánico tiene otra batería, continuaremos nuestro viaje.*
9. *Si llegamos un día más tarde, no podremos visitar todos los monumentos.*

SLE 39

Querida Ana,

estoy en esta ciudad ***tan bonita*** *desde hace tres días. Hace* ***buen*** *tiempo. Estoy* ***bien*** *aquí.* ***Normalmente*** *me levanto* ***muy temprano****. Después de desayunar visito* ***intensamente muchos*** *monumentos* ***interesantes.*** *Suelo almorzar en un* ***pequeño*** *restaurante donde la comida es* ***sinceramente*** *buena****. Afortunadamente****, esta semana está el menú del día* ***increíblemente*** *barato****.***

En las calles hay muchos turistas vestidos ***elegantemente.*** *Cuando los habitantes duermen la siesta, vuelvo* ***tranquilamente*** *al hotel, porque hace* ***mucho*** *calor. Al anochecer doy un paseo por las calles* ***iluminadas****. Me acuesto* ***muy tarde****. Así disfruto* ***agradablemente*** *los días, y además me parece que pasan muy rápidamente.* ***Afortunadamente*** *no pienso nunca en mi regreso a la oficina.*

Te saludo ***cordialmente****.*
Carmen

SLE 40

1. *¿Sabes si Carlos viene? —No sé si viene hoy. Carmen dice que no puede venir.*
2. *¿Puedes decirme cómo se llama esa chica? —No, no lo puedo porque no lo sé.*
3. *¿Puede Vd. decirme dónde hay una farmacia? —No puedo decirlo porque no vivo en este barrio. —Yo lo sé aunque no vivo en esta ciudad.*
4. *Helena aprende español para hablar con la gente.*
5. *Antes de ir a la oficina, Luis compró algo en una tienda.*
6. *Después de comprar unos libros, Ana va a la oficina.*
7. *Voy al bar para encontrar a unos amigos.*
8. *No puedo ir a la oficina sin coger el coche.*
9. *¿Puede Vd. decirme qué hora es?*
10. *Antes de comer suelo tomar un aperitivo.*
11. *Después de comer tomo una taza de café.*
12. *Al salir de la casa tengo que atravesar la calle.*
13. *Siga por esta calle hasta llegar a su hotel.*

SLE 41

	aparcar	***proteger***	***empezar***	***pagar***
(yo)	*aparco*	*prote**j**o*	*empiezo*	*pago*
(él/ella)	*aparca*	*protege*	*empieza*	*paga*
Sie-Befehl (Einzahl)	*apar**qu**e*	*prote**j**a*	*empie**c**e*	*pa**gu**e*

	dirigir	***averiguar***	***distinguir***
(yo)	*diri**j**o*	*averiguo*	*distin**g**o*
(tú)	*diriges*	*averiguas*	*distingues*
Sie-Befehl (Mehrzahl)	*diri**j**an*	*averi**gü**en*	*distin**g**an*

SLE 42

1.

1. *No* ***puedo*** *leer esta carta. Dame las gafas.*
2. *Desgraciadamente Kristina no* ***sabe*** *portugués.*
3. *Es una persona sincera. No* ***es capaz de*** *mentir.*
4. *Vd. no* ***puede*** *entrar por esta puerta.*
5. *¿Piensas que va a llover? —****Puede ser.***
6. *¿****Sabes*** *tú conducir este coche? —No, es demasiado viejo.*
7. *Kristina no* ***sabe*** *bailar la salsa. Por eso pregunta a Enrique si* ***puede*** *enseñarle este baile. Enrique está de acuerdo. Sin embargo,* ***puede ser*** *que no tenga tiempo.*

2.

1. *¿Cuándo volveremos a viajar a España?*
   —Tengo la intención de salir mañana.
2. *Siga(n) trabajando, por favor.*
3. *Acabo por comprenderlo.*
4. *Acabo de ver a un amigo.*
5. *¿Cuándo sueles levantarte?*
   —Suelo levantarme a las siete. – ¿Y Ana?
   —Suele levantarse a las ocho.
6. *Vuelvo a trabajar a las dos de la tarde.*
7. *¿Te gusta la cerveza? Yo prefiero el vino.*

SLE 43

A.

1. *Me alegro de que Vd esté aquí.*
2. *¿Quiere Vd. visitar nuestra ciudad?*
3. *Espero que Vd. pase unos días agradables aquí.*
4. *¡Que lástima que Vd. no tenga más tiempo!*
5. *Es importante que Vd. visite todos los monumentos.*
6. *Desgraciadamente es posible que no podamos visitar el palacio.*
7. *Le aconsejo que coma en el restaurante «La Casita».*
8. *Hoy no es posible que pueda entrar en el museo.*
9. *Es también posible que la torre alta esté cerrada.*
10. *Me sorprende que no quiera visitar la catedral.*
11. *Siento mucho que no haya una fiesta en la ciudad.*

B.

1. *Es una lástima / una pena que Kristina no haya venido.*
2. *Tengo miedo que el tren lleve retraso.*
3. *Es posible que el tren todavía no haya llegado.*
4. *Propongo que esperemos a Kristina.*
5. *Me gusta que haya una fiesta en esta cuidad.*
6. *Es lógico que haya mucha gente aquí.*
7. *Es posible que la fiesta ya haya empezado.*
8. *Es importante que pague la factura.*

SLE 44

1. *Espera* ***hasta que vuelva.***
2. ***Sé que*** *Antonio ne* ***tiene*** *trabajo.*
3. ***Lamento que*** *Antonio ne* ***encuentre*** *trabajo.*
4. ***Es estupendo*** *que su trabajo* ***sea*** *tan interesante.*
5. ***No es verdand que*** *el presidente* ***esté*** *enfermo.*
6. ***No me parece que*** *el tren* ***lleve*** *retraso.*
7. ***No digo que*** *nuestra empresa* ***tenga*** *problemas económicos. Sin embargo* ***me parece que tenemos*** *que negociar.*
8. ***No es que*** *no* ***tenga*** *ganas de venir. Desgraciadamente no tengo tiempo.*
9. ***No creo/pienso que*** *Kristina* ***esté*** *todavía en la universidad.* ***Creo/Pienso/Me parece que está*** *en casa.*
10. ***Es inútil que lave*** *su coche.* ***Creo/Pienso/Me parece que va*** *a llover.*
11. *Hay que* ***impedir/evitar que*** *todas estas tiendas pequeñas* ***cierren.***
12. ***Recomendamos que*** *nuestros clientes no* ***dejen*** *nada en el coche.*

SLE 45

A.

1. *La calle* ***en la cual/en la que*** *vive Kristina es una calle muy bonita.*
2. *Hay muchas casas pequeñas* ***detrás de las cuales/detrás de las que*** *hay un jardín.*
3. *A Kristina* ***cuyos*** *vecinos son personas muy simpáticas le gusta mucho vivir en esta calle.*
4. ***Lo que*** *no le gusta es el ruido que viene de la autopista.*
5. *En esta autopista* ***que*** *pasa muy cerca de la cuidad hay siempre una circulación enorme.*
6. *A cien metros de su piso hay un supermercado* ***en el cual/en el que*** *puede comprar todo* ***lo que*** *necesita.*
7. ***Lo que*** *Kristina no necesita es un coche.*
8. *Unos amigos* ***que*** *viven en el mismo barrio tienen un coche* ***con el cual/con el que*** *van a la oficina.*
9. *Para ir a la universidad Kristina prefiere coger el autobús* ***que*** *pasa muy cerca de su piso.*
10. *Hay también un parque por* ***el cual/el que*** *Kristina pasea de vez en cuando.*

B.

1. *No <u>me</u> gusta viajar en autobús. Prefiero el tren.*
   A mí *no me gusta viajar en autobús. Prefiero el tren.*
2. *Ya tengo <u>el billete</u>.*
   El billete*, ya* ***lo*** *tengo.*
3. *Hoy no he visto <u>a Juan</u>.*
   Es ***a Juan al que*** *no he visto hoy.*

4. *(Tú) no tienes ganas de venir.*
   ***Eres tú que** no **tienes** ganas de venir.*
5. *Juan piensa todos los días en Kristina.*
   *Es **en Kristina en la que/cual** Juan piensa todos los días.*

SLE 46

1. llevas	***llevaras***	***hubieras** llevado*
2. vienen	***vinieran***	***hubieran** venido*
3. leo	***leyera***	***hubiera** leído*
4. ofrecen	***ofrecieran***	***hubieran** ofrecido*
5. doy	***diera***	***hubiera** dado*
6. escribes	***escribieras***	***hubieras** escrito*
7. volvéis	***volvieras***	***hubierais** vuelto*
8. traigo	***trajera***	***hubiera** traído*
9. dice	***dijera***	***hubiera** dicho*
10. llegan	***llegaran***	***hubieran** llegado*
11. vendemos	***vendiéramos***	***hubiéramos** vendido*
12. tienes	***tuvieras***	***hubieras** tenido*
13. está	***estuviera***	***hubiera** estado*
14. sois	***fuerais***	***hubierais** sido*
15. pongo	***pusiera***	***hubiera** puesto*
16. puedo	***pudiera***	***hubiera** podido*
17. sé	***supiera***	***hubiera** sabido*
18. trabajamos	***trabajáramos***	***hubiéramos** trabajado*
19. siento	***sintiera***	***hubiera** sentido*
20. duermen	***durmieran***	***hubieran** dormido*
21. recibes	***recibieras***	***hubieras** recibido*
22. quieres	***quisieras***	***hubieras** querido*
23. conoces	***conocieras***	***hubieras** conocido*
24. hace	***hiciera***	***hubiera** hecho*

SLE 47

1. ***Si tuviera (tuviese)*** *dinero,* ***compraría*** *un coche.*
2. ***Si hubiera (hubiese) tenido*** *dinero,* ***habría (hubiera/hubiese)*** *viajado a España.*
3. ***Si no puedo*** *ganar dinero, no* ***podré*** *viajar a España.*
4. ***Si*** *Kristina* ***se hubiera (hubiese) quedado*** *en casa, no* ***habría (hubiera/hubiese)*** *encontrado a Luis.*
5. ***Si*** *Luis* ***hubiera (hubiese) trabajado, podría*** *comprar(se) un coche.*

SLE 48

1. ***La mayoría*** *de la gente tiene televisión. Hay* ***diversos/varios/distintos/diferentes*** *programas.*
2. *Luis busca* ***otro*** *trabajo, pero no encuentra* ***ninguno****.* ***Algunos*** *amigos están también buscando un puesto de trabajo.*
3. *¿Buscas a* ***alguien?*** *—No, no busco a* ***nadie.***
4. *Este libro me parece* ***bastante*** *difícil.*
5. *¿Hay muchas personas en este bar? —Hay* ***bastantes****.*
6. *No me queda dinero. Mañana* ***mismo*** *voy al banco.*
7. *Kristina va* ***cada*** *día a la universidad.*
8. *Mi coche está averiado. Necesito* ***otro****.*
9. *Mi hermano tiene mucho dinero. Va a comprar* ***otro*** *coche.*
10. *¿Hablaste con tu jefe? —No, hablé con el director de nuestra empresa* ***mismo****.*

SLE 49

1. *Aquí* ***se trabaja*** *también los sábados.*
2. *Este palacio* ***fue construido*** *por Felipe II.*
3. *En España* ***se cultivan*** *naranjas.*
4. *El pueblo* ***ha sido destruido*** *por un fuego. Ahora* ***está destruido****. Todos los habitantes* ***fueron evacuados****.*
5. ***Se ruega*** *escribir con mayúsculas.*
6. *Aquí* ***se fabrican*** *sombreros.*
7. *El canciller alemán* ***será recibido*** *por los Reyes de España.*
8. ***Repararán*** *este semáforo mañana.*
9. *El baloncesto* ***se practica*** *mucho en España.*
10. *¡Qué bien!,* ***me entienden****.*

SLE 50

1. *La adivina dijo a Luis que* ***era*** *joven.*
2. *Dijo que su línea de vida* ***era*** *larga y doble.*
3. *Dijo que Luis ya* ***había superado*** *unas enfermedades.*
4. *Dijo que Luis* ***viviría*** *muchísimos años, pero que* ***tendría*** *otras enfermedades.*
5. *Dijo que Luis las* ***superaría*** *todas.*
6. *Dijo que Luis ya* ***había conocido*** *a unas mujeres.*
7. *Dijo que* ***conocería*** *a una mujer muy hermosa que le* ***querría*** *mucho y que le* ***daría*** *cuatro hijos.*
8. *Dijo que Luis* ***trabajaba*** *mucho, pero que un día* ***iría*** *a un país lejano.*
9. *Dijo que Luis* ***viajaría*** *con una persona que le* ***haría*** *muy feliz.*
10. *Dijo a Luis que su corazón y sus sentimientos ya* ***habían pasado*** *por una crisis.*
11. *Dijo que desgraciadamente* ***debían*** *pasar por otra crisis de amor.*
12. *Dijo a Luis que su suerte* ***iba*** *siempre hacia arriba.*
13. *Dijo a Luis que antes de celebrar su suerte* ***tenía*** *que darle 10 €.*

Register zu den *S*elbst*L*ern*E*inheiten 31-50 (Band II)

Die erste Ziffer bezeichnet Teil die SLE, die zweite (und eventuell dritte) den Titel der SLE, in der das Thema behandelt wird. Z= Zusatz-SLE Verbformen

Gesamtregister zu den **S**elbst**L**ern**E**inheiten 1-50 (Band I und Band II)

Erklärungen:

Z* = Zusatz-SLE Verben

12-1: erste Ziffer (fett): SLE-Nr., zweite Ziffer: SLE-Teil, d.h. hier: SLE 12, Teil 1